全国商业职业教育教学指导委员会组编

国家级教学团队配套教材

21世纪高职高专教学改革创新教材·市场营销类

礼仪与沟通

徐汉文　主审

李红霞　主编

Liyi Yu Goutong

东北财经大学出版社　　大连

Dongbei University of Finance & Economics Press

U0648892

图书在版编目（CIP）数据

礼仪与沟通 / 李红霞主编 . —大连：东北财经大学出版社，2016.1（2019.8
重印）

（21世纪高职高专教学改革创新教材·市场营销类）

ISBN 978—7—5654—2151—8

Ⅰ．礼…　Ⅱ．李…　Ⅲ．①礼仪–高等职业教育–教材 ②心理交往–
高等职业教育–教材　Ⅳ．①K891.26 ②C912.1

中国版本图书馆CIP数据核字（2015）第292054号

东北财经大学出版社出版

（大连市黑石礁尖山街217号　邮政编码　116025）

教学支持：（0411）84710309

营 销 部：（0411）84710711

总 编 室：（0411）84710523

网　　　址：http：//www.dufep.cn

读者信箱：dufep@dufe.edu.cn

大连永盛印业有限公司印刷　　　　　　东北财经大学出版社发行

幅面尺寸：185mm×260mm　　　字数：231千字　　　印张：12.5　　　插页：1

2016年1月第1版　　　　　　　　　　　　　2019年8月第4次印刷

责任编辑：张旭凤　郭海雷　孔利利　周　慧　　责任校对：毛　杰

封面设计：冀贵收　　　　　　　　　　　　　版式设计：钟福建

定价：26.00元

"21世纪高职高专教学改革创新教材·市场营销类"

编写委员会

总　序

自2014年全国职业教育工作会议召开以来，国务院颁布了《关于加快发展现代职业教育的决定》，对推进职业教育改革发展做出了具体部署和安排。各院校积极落实相关任务，不断深化改革、推进内涵建设，把坚持以质量为核心的内涵式发展贯穿在办学过程中。坚持立德树人，注意提高理想信念教育、中华优秀传统文化教育和职业道德教育的实效性。重视培养学生诚实守信、积极进取、精益求精、爱岗敬业的职业素养和人文素养。坚持知行合一，注意在实践中培养既善动脑，又能动手的职业人才。不断创新培养模式，深化学习方式和教学模式改革，加大实习实训的比重，强化实习实训环节评价制度建设，培养学生的职业适应能力、综合职业能力和持续发展能力。广大院校在职业教育改革发展中做出了积极的贡献，特别是国家级示范校、骨干校及省级示范校在专业和课程建设方面积累了宝贵的资源。

东北财经大学出版社组织出版的"21世纪高职高专教学改革创新教材·市场营销类"系列教材，是依照《国家中长期教育改革和发展规划纲要》（2010—2020）、《教育部关于推进中等和高等职业教育协调发展的指导意见》（教职成〔2011〕9号）、《教育部关于"十二五"职业教育教材建设的若干意见》（教职成〔2012〕9号）等文件精神，邀请十余所国家级和省级示范校的具有多年市场营销教学工作经验的老师共同编写而成。本系列教材有针对性地吸收了高职示范校、骨干校专业和课程建设的优秀成果，主要有以下几个特点：

1.教材体系构建完备

本系列教材体系遵循职业教育课程构建基本原则和模式进行设计。公共基础课程按照国家统一要求安排，专业课程按照市场营销专业毕业生就业岗位和职业生涯发展规划确立学习领域。其学习领域主要包括市场调研、市场分析、营销决策、营销政策制定、市场营销计划与控制、产品管理、价格管理、渠道管理、促销管理、谈判、谈判管理、销售管理、推销员管理、经销商管理、客户管理、协调公司内外关系等。依据学习领域形成包括《市场营销基础》《市场调查与分析》《消费心理与行为分析》《营销策划》《现代推销技术》《商务谈判》《客户关系管理》《公共关系实务》等为专业核心课的市场营销专业教材体系。该教材体系主要是培养营销人员依据营销环境及时把握顾客需求的心理预期、提供恰当的营销服务、充分体现现代营销服务观念、使顾客获得满意甚至惊喜的消费体验的意识与素质。

2.突出"教学做"一体化

本系列教材按照高等职业教育"教学做"一体化的教学要求，把"教什么，怎么教""学什么，怎么学""做什么，怎么做"等问题有机融入教材内容中，实践了在"做中学"，在"做中教"，"教学做"一体化，提高了教学的针对性和有效性。如采用任务驱动型编写模式，每个项目下含有若干个任务，每个任务按照"教学做"一体化的思路设计，且每个任务都是一个独立的学习单元，按照任务目标、任务学习、典型业务实例、拓展空间、营销实训等形式加以呈现，并在其中设计了教学互动、案例解析等情景体验交流互动的内容，在任务实训中重点培养与人合作的团队精神、面对市场的分析和解决问题的能力。在每个项目后，考虑到学生考取职业资格证的需要，还设计了相应的思考与训练内容。

3.情景设计和案例分析典型化

市场营销技能型人才的职业活动都是紧紧围绕着顾客需要展开的，而顾客的需要是与自身需要和政治环境、社会环境、经济环境和竞争环境紧密结合的。根据这一理论，市场营销人员采取什么样的营销活动，取决于客户的不同属性和环境或情景的变化，即市场营销技能人才职业活动具有典型的环境或情景导向特点。同时，市场营销是包含大量缄默知识和隐性能力的职业，对市场营销人才职业能力的培养，就要大量融入情景教学、体验式教学和案例教学。因此，本系列教材选取的情景设计和案例都是市场营销活动中最典型的实例，一方面可以增加学生的感受性，另一方面可以强化学生的体验认知。

4.营销训练注重实用性，评价模式多元化

本系列教材中的营销实训项目尽可能结合市场营销工作岗位的典型工作任务进行训练。每个营销训练项目力争给出一定的背景与情景资料，提出明确的训练目标，给出基本工作流程，设计训练成果考核评价方案，实用性较强。

从评价指标体系来看，本系列教材从知识运用、流程执行、任务完成和成果展示四个方面来设计评价内容；从评价主体来看，有小组自评、小组互评、教师评价等，把知识和技能、过程和结果、素质和能力有机地融为一体进行评价，可操作性强，符合职业教育特点。

总　序

　　本系列教材特色鲜明，内容覆盖面广，文字通俗易懂，侧重理论联系实际，在深入介绍市场营销领域专业知识的同时，延伸到与之相关的其他领域的知识。通过互动交流、案例解析的训练，提高学生的人际交流和公众交流能力；通过拓展空间和营销训练，培养学生的发展能力、信息收集处理能力、识别和分析问题能力、独立解决问题能力及应变能力。

　　东北财经大学出版社是国家一级出版社、全国百佳图书出版单位，在全国高职财经类专业教材出版方面做了很多创新和改革，受到了广大职业院校的好评。本次同全国商业职业教育教学指导委员会合作出版的"21世纪高职高专教学改革创新教材·市场营销类"系列教材，是根据市场营销专业标准，依据市场营销岗位职业要求构建课程体系，针对高等职业教育教学改革的思路，精心设计了教材编写和呈现形式，适应了"教学做"一体化教学改革的要求。本系列教材整合了全国商贸类市场营销专业的大量优秀教学资源，凝结着几十位优秀教师的心血，希冀成为高等职业教育市场营销专业一套真正的理实一体的立体化创新型教材，从而为全国市场营销专业的教学发展和改革带来新的生机和活力。

"21世纪高职高专教学改革创新教材·市场营销类"编写委员会

前　言

随着社会文明程度的提高，人们越来越渴望拥有和谐的人际关系和融洽的工作氛围，并逐渐意识到礼仪与沟通技巧对于构建这种和谐环境的重要性，因此，目前许多高职院校开设了礼仪与沟通类课程。课程的开设与教材的建设应该同步进行，但目前该课程的教材建设并不理想，与教育部有关文件中强调的"教学内容要突出基础理论知识的应用和实践能力培养，基础理论教学要以应用为目的，以必需、够用为度"的精神尚有距离，本书就是在这样的背景下产生的。

本书编写时遵循两大原则：一是立足于礼仪知识与沟通技巧紧密结合，以知识介绍由浅入深，能力训练由弱至强为原则；二是打破以知识传授为主要特征的传统学科课程模式，以增强课程学习的体验性，突出训练过程的可操作性，将纸媒与数媒相结合，为学生自主学习提供便利为原则。

本书的特点有：

1.编写理念新

本书突出应用性与实践性，将体验性与可操作性相结合，解决学生自主学习缺少指导与考评的问题。本书紧扣高职高专学生培养目标，以模拟工作场景、考试场景、实际生活场景为情景训练任务场景，帮助学生更好地体验课程内容。

每一任务基本结构如下：首先，以如何解决问题为目的，提出情景训练任务与目标；其次，以表格形式分析情景训练任务的知识目标与能力目标，以文字表述完成训练任务所需知识；再次，以表格形式给出完成训练任务的步骤以及考评标准；最后是课后巩固训练。学生训练结束后，教师可根据各知识点的得分率、目标达成率分析学习效果，给出下一步学习的建议，进而实现课堂教学与课外学习的有效衔接，使得教学过程更加完整、高效。

本书情景训练任务明确，操作步骤清晰，考评严谨，既避免了训练放羊式和自主学习的盲目性，又为学生主动学习提供了极大的便利。

2.编写内容新

本书基于高职高专学生设计教学内容，将礼仪知识与沟通技巧相结合，解决了高职高专院校或只进行商务礼仪训练缺乏沟通技巧练习，或只局限于口才训练忽略了商务礼仪训练的问题。本书根据高职高专学生特点对这两部分内容进行了筛选，以理论够用、突出训练为宗旨，剔除简单拼接，进行糅合加工。编写中，我们遵循学习者掌握知识由浅入深，能力提高由弱到强的规律，将内容分为礼仪基础、沟通基本技巧、职场礼仪与沟通任务训练三个模块，模块下设九个项目，九个项目又被分解为十七个情景训练任务。每个情景训练任务都提出了需要达到的礼仪要求和需要掌握的沟通技巧。

本书由无锡商业职业技术学院副院长徐汉文教授主审，无锡商业职业技术学院基础部李红霞副教授主编。在本书的编写过程中，无锡商业职业技术学院工商管理学院张云河老师、旅游管理学院齐琳老师、红豆集团西哈努克港经济特区人力资源部部长虞培红女士提出了许多宝贵意见与建议，齐琳老师对模块一之项目二、项目三进行了校对并提供本书照片，本书图片由无锡商业职业技术学院艺术设计学院蒋蕙老师、董然同学绘制，在此表示诚挚的感谢。在此特别感谢参与本书照片拍摄的创意人员、摄影师和模特，他们分别是：齐琳、苏小千、王云龙、王馨玉、束凤鸣、郝巽劼、徐爽、郭力。本书在出版的过程中得到了东北财经大学出版社张旭凤编辑的热心帮助与指导，在此致以深深的谢意！

编　者

2015年11月

目　录

模块一

礼仪基础

项目一

> ## 职业形象礼仪

● **任务一**　　　　职业仪容仪表礼仪

一、案例分析与教学目标（见表1-1）

表1-1　　　　　　　**职业仪容仪表礼仪案例分析与教学目标**

案例一	1960年9月，尼克松和肯尼迪进行全美电视竞选辩论。当时两人名望与才能都相当，不过大多数评论员预料，尼克松凭丰富的电视演讲经验能够取胜，然而事实是尼克松失败了。肯尼迪为在电视屏幕上呈现好的形象，事前特地跑到海边晒太阳，所以他在屏幕上呈现的是精神焕发、满面红光、挥洒自如的形象，为他的竞选争取到很多优势。而尼克松没有听从电视导演的规劝，身体疲惫，面部化妆用了深色的粉，屏幕上出现的是一个精神疲惫、表情痛苦的形象。事后，一位历史学家评价他："他好像让全世界看到一个不爱刮胡子和出汗过多的人，带着忧郁感等待着电视广告告诉他怎么不失礼。"	
案例分析	尼克松和肯尼迪的故事告诉我们：任何一个社会活动场景都需要注意自己的仪容。在职场，仪容仪表不可忽视	
案例二	1960年，周恩来总理出访东南亚。在访问越南时，传来柬埔寨国王去世的消息。柬埔寨是他这次出访的国家之一，周恩来总理一得到消息，立即命人发电致丧。到了印度，总理又派人给代表团成员每人买了一套白色西服。等到达柬埔寨时，代表团成员身着清一色的白色西装，友好而肃穆地走下飞机。柬埔寨西哈努克亲王看见中国代表团如此着装，大受感动。这虽是周恩来总理第一次访问柬埔寨，却与西哈努克亲王建立起了很深的私人友谊	
案例分析	周恩来总理得当的服饰赢得了西哈努克亲王的好感，取得了外交上的成功，说明了人们的服饰在社会交往活动中起着重要作用。穿着得体不仅可以显示一个人良好的文化修养，高雅的审美情趣，还能给人留下良好的印象，赢得他人的信赖，社交获得成功	
教学目标	知识目标	1.了解职业妆容的基本要求，掌握职业妆容的基本画法； 2.了解职业服饰的基本要求，掌握男士西装、女士套装着装要领以及配饰恰当搭配要领
	能力目标	能够根据不同的职业场合，选择合适的妆容、规范的着装、恰当的配饰

二、知识储备

仪容仪表即指人的容貌、姿态、服饰打扮、言谈举止等。良好的职业形象，离不开仪容仪表美。虽然美的容貌在很大程度上是依赖于遗传的，但它也不完全是天生的。在职场中，适当的妆容修饰、合适的服饰、恰当的言谈举止也能够弥补先天不足，增添个人魅力。讲究仪容仪表美不仅能够在职场中提升个人被他人重视的程度，也能提升企业形象。

（一）职业妆容礼仪

1.职业妆容的基本要求

（1）美化。

美化是指妆容达到美的目的。化妆时要注意适度矫正、修饰得法、避短藏拙，充分体现自己原有的优点，遮盖不足之处。例如，职业妆容适宜淡妆，妆容色彩应该一致，香水不宜涂在衣服上和身体容易出汗的地方等。

（2）自然。

自然是指妆容给人感觉是没有经过人工修饰的，化妆既要求美化、生动、具有生命力，也要求真实、自然、天衣无缝。

（3）协调。

协调是指形象的整体协调，包括妆面整体的协调，妆面与服饰的协调，妆面与环境的协调，妆面与身份的协调等。

2.职业妆容的技巧

（1）职业妆容化妆基本化法。

第一步：妆前修饰。妆前修饰主要是遮盖住皮肤上出现的斑点或疤痕，展现透明的肌肤质感。其方法是先用遮瑕笔做局部修饰，要根据肤色选择合适的遮瑕笔颜色。如果肤色泛红，选用浅绿色的修饰粉底液修饰；如果肤色泛黄，选用浅紫色的修饰粉底液修饰。

第二步：面部修饰。妆容的好坏，面部修饰能起到关键的作用。首先，要根据自己肌肤的特点选择粉底。干燥的肌肤宜选择液体粉底，特别干燥且皮肤黯淡的可选择霜状粉底；中性或油性肌肤宜用特质粉底。粉底液最重要的是透明，尽量选择容易推匀、具有修饰效果又没有厚粉感的产品。局部使用蜜粉也能展现透明的肌肤质感。其次，在较容易出油的T字部位局部定妆，这样能表现出立体轮廓。如果皮肤没有出油的问题，也可以使用有丝光效果的浅绿色或浅紫色蜜粉。最后，对两颊或额头等部位进行局部修饰。

注意：粉底不是越白越好，应根据自身肤色进行选择。

第三步：眼部修饰。首先，画眼线。眼线的基本画法是：沿睫毛轮廓，上眼线画全画实，方向是由内而外，下眼线则从大眼睑离眼端1/3处画至眼尾，方向是由外向内。其次，涂睫毛膏，按照Z字路线涂抹睫毛膏。最后，用眼影。使用眼影时，东方女子眼窝浅且眼袋易浮肿，较适合的有珊瑚色系、红棕色系、橘色系、灰色系等。用眼影棒或粉刷取上适合的眼影轻轻沿45°方向涂在上眼皮上并向眼尾处抹匀，可在眼尾处加以强调，以达到不同的效果。

第四步：眉毛的修饰。画眉的基本原则是强调眉的自然弧形。先用修眉刀修剪出所要的眉形，用拔毛器拔去杂毛。修出的自然眉形如果还有缺憾的话，就需要用眉笔画眉加以调整。画眉的基本要点是眉头要淡，眉峰最浓，眉尾逐渐变淡直到消失。画好后，用眉刷刷匀，也可选用眉粉沿眉毛生长方向轻刷，这样的眉毛更加自然。

第五步：唇部修饰。选择柔和的适合自己唇色、肤色的唇膏涂上，再盖上一层透明的唇彩，即便外面的部分脱落，里面的唇色依然能够保留。

（2）职业妆容化妆禁忌。

①不分场合、随意化妆。化妆应该在专用的化妆间进行，特别是不能当众化妆，也不能在异性面前化妆。

②不重维护、残妆示人。若妆面出现残缺，应及时避人补妆，否则会让人觉得低俗、懒惰。

③妆面离奇、妨碍他人。淡妆适宜，不能化过浓、过重甚至离奇怪异的妆。否则会令人感到不舒服，也会对他人工作造成妨碍。

④评论化妆、乱用他人化妆品。化妆是个人之事，不要对他人妆容加以评论或非议；借用他人化妆品不卫生，故应避免。

3.头发的修饰

一个人的整体妆容除了面部化妆之外，头发的修饰不可缺少。头发的修饰要注意以下几点：

（1）与职业相匹配。

职业场合每个人的发型应与职业要求相一致。例如，教师的发型应该体现出稳重、成熟的特征；从事公关工作的女性，应该体现亲和力的特征；从事户外运动职业的，应该体现阳光、健康的特征等。

（2）与性别相匹配。

职业场合中，忌讳男士留长发，女士蓬松乱发。一般要求男士头发长度前不覆额、侧不覆耳、后不触领，不留大鬓角。女士头发前不遮眉、后不过肩；工作中，应束发、盘发或留短发。

（3）与年龄相匹配。

客观地正视自己年龄，切勿"以不变应万变"，使自己的发型与年龄看上去相去甚远。例如，一位中年女士烫"童花头"，不仅不能显出可爱活泼的效果，反而让人觉得与年龄极不协调，难以接受。

（4）与身材相匹配。

身材有高、矮、胖、瘦之别，在选择发型时，要从不同角度考虑。身材高大者，选择的发型很广，长发、短发、直发、卷发都可以，但是不宜理寸头，否则会影响到上下身的比例。身材矮小者，最好选择短发型，利用视觉偏差使自己"显高"；千万不能选择长过腰部的披肩发，那只会显得更加矮小。身材高而瘦者，可适当地利用"波浪式"卷发，让自己显得丰盈一些。身材矮而胖者，一般不宜留长发，更不应该将头发做得蓬松丰厚，建议使用"沙宣式"的发型。

（5）与脸形相匹配。

椭圆形脸是东方女性的标准脸型，可任意选择发型。圆脸的人可将头发梳高，使脸部的宽度减少，或将头顶的头发烫蓬松。长脸的人显得面部消瘦，应尽量让头发显得蓬松，加重刘海的厚度。方脸的人要设法修饰棱角，使脸型显得圆润。三角形和菱形脸的人可以用大波浪来增加两侧的头发，用刘海遮住额头。

（二）职业服饰礼仪

1.正装礼仪

（1）男士西装礼仪。

①规范。西装穿着必须整洁、笔挺。按照国际惯例，在正式场合不可以脱掉外套。西裤的长度以至鞋帮1/2处为宜。西装第一次穿前，应将袖口的商标拆除。

②衬衣。衬衣颜色单一色彩较好，白色最佳，蓝色、灰色、棕色也可以；领子高出西装领子1~1.5厘米；袖子要长于西装上装袖口1~2厘米；衬衣面料以纯棉、纯毛为宜。穿着时，衬衣的下摆要放在裤腰里。衬衣里一般不再穿内衣，如果一定要穿，需选择浅色的，但不能将内衣的领口和袖口露在衬衣外。西装必须和衬衫同时穿着，但在自己的办公室里可暂时脱下西装上衣，直接穿着衬衣，打着领带。

注意：不穿西装上衣而直接穿着衬衣、打着领带去参加正式商务活动是不符合礼仪规范的。

③领带。领带是西装的必要配件。领带材质一般真丝比较好。领带颜色单一比较好，如蓝、灰、白、紫红等，能够适合多种西装。选择领带颜色的基本原则是：一定要比衬衣的颜色深一些。纯黑色领带只用于参加葬礼。领带的图案很多，宜选择单色、条纹、圆点、细格、规则图案等造型。领带的长度为系好后到皮带处。领带夹一般夹在衬衣的第三和第四颗纽扣之间。

④纽扣。西装分单排扣西装和双排扣西装。单排扣三颗扣的只系中间一颗；两颗纽扣的系第一颗，或全部不系。在正式场合，则要求把第一颗纽扣系上，在坐下之后方可解开。双排扣一般要求全部纽扣都系上。

⑤衣袋。西装上衣的外胸袋除了用来放装饰的真丝手帕以外，不再放其他东西。内侧的胸袋，可以放钢笔、钱夹或名片夹，但不要放过大过厚的东西。外侧下方的两个大口袋，原则上不放东西。

⑥皮鞋。穿西装一定要穿皮鞋，不可以穿旅游鞋或露脚趾的凉鞋，也不能穿色彩鲜艳的、有图案的袜子。皮鞋的颜色要与西装同色或相近，与皮带的颜色一致。切忌黑色皮鞋配白色的袜子。

（2）女士套装礼仪。

①规范。一套在正式场合穿着的套裙，应该由高档面料缝制，上衣和裙子要采用同

一质地、同一色彩的素色面料。在造型上讲究扬长避短，所以提倡量体裁衣、做工讲究。色彩方面应当清新、雅气而凝重，以体现着装者的典雅、端庄和稳重。一般以冷色调为主，藏青、炭黑、茶褐、土黄、紫红等稍冷一些的色彩都可以，最好不选鲜亮抢眼的。有时两件套套裙可以是上浅下深或上深下浅等两种不同的色彩，这样形成鲜明的对比，可以强化印象。

套装一定要穿得端端正正。上衣的领子要完全翻好，衣袋的盖子要拉出来盖住衣袋；衣扣全部系上，不允许部分或全部解开，更不允许当着别人的面随便脱下上衣。

②长度。上衣最短可以齐腰，上衣的袖长要盖住手腕。裙子最长可以达到小腿中部，最短不短于膝盖以上15厘米。

③鞋袜。用来和套裙配套的鞋子，应该是高跟皮鞋。鞋和裙的色彩必须是深于或同于袜子的色彩。袜子可以选择肉色、黑色、浅灰、浅棕等颜色的长筒连裤袜，但不能有多色和花纹，不能选勾了丝或有洞的。

2.日常着装礼仪

服饰要有美感，必须与着衣人的身材、气质、爱好、年龄等相匹配。在日常生活中，个性化的服装比较适合个人，选择什么样的服饰适合自己？下面做一下简单介绍。

（1）服装的造型。

X型。X型是指通过肩、胸、衣裙下摆的夸张，收紧腰围，使整个外形呈上下部分宽松夸大、中间腰围紧身的X字造型。X型服装能充分展示女性优美舒展的曲线轮廓，节奏明快、柔美雅致。因此，对大多数女性颇有吸引力。身材匀称者，再系上腰带，婀娜多姿。粗腰者不妨系一条深色皮带，调整视觉效果；个子矮小者也无须担忧，同样可以分享此类造型的乐趣，做法是提高裙摆长度，收缩裙子的宽松度，让造型紧凑些。

V型。V型是通过加宽肩部造型（一般用加肩垫来衬托），向两侧伸展，并收缩裙摆宽度，外形呈V字造型。与X型服装相比，V型服装带有男子的英武之气，多了一份坚定感和自信心，因此较适合职业女性穿着。V型服装主要是夸大肩部、增添设计细节，使视觉有上升的感觉。如果是矮个子，应适当注意肩部和身子的整体关系，尽量选择设计细节偏上部位的V型服装，否则易产生身体下陷感。V型服装上身宽松，掩饰了胸部，所以胸部丰满的女性选择V型款式应慎重。

H型。H型放松腰围，使肩宽和三围以及下摆宽度达到基本一致，整个外形呈H字造型，外形感觉线条挺直，整体感强。此类服装由于放松了腰围，所以穿着舒适自由，无拘无束，适合日常生活穿着。H型服装掩饰了臀部，对臀瘦、臀肥和腰粗者，无疑是理想造型。

A型。A型一般是收缩肩部，夸大裙摆宽度，形成上小下大的梯形造型，它给人以明快、活泼、线条优美的感觉，因此较能体现女性青春浪漫的情调，适合年轻人，尤其是20岁左右的女性穿着。由于A型夸大了裙摆，所以也遮住了臀部、腿部，除了上身肥胖者外，一般人均可选择A型服装，特别是对腰部、腿部缺乏信心的女性。

（2）色彩搭配。

强烈色配合。它是指两个相隔较远的颜色相配，如：黄色与紫色，红色与青绿色，这种配色比较强烈。日常生活中常看到的是黑、白、灰与其他颜色的搭配。黑、白、灰为无色系，所以不论它们与哪种颜色搭配，都不会出现大的问题，与白色搭配时，会显得明亮；与黑色搭配时就显得昏暗。因此在进行服饰色彩搭配时应先衡量一下，是为了突出哪个部分的衣饰。不要把沉着色彩，如深褐色、深紫色与黑色搭配，这样会和黑色呈现"抢色"的后果，令整套服装没有重点，而且服装的整体表现也会显得很沉重、昏暗无色。

补色配合。它是指两个相对的颜色相配，如红与绿、青与橙、黑与白等。补色相配能形成鲜明的对比，有时会收到较好的效果，黑白搭配是永远的经典。

协调色搭配。它是指同类色相配或近似色相配。同类色相配原则：深浅、明暗不同的两种同一类颜色相配，如青配天蓝、墨绿配浅绿、咖啡配米色、深红配浅红等，同类色配合的服装显得柔和文雅。近似色相配原则：两个比较接近的颜色相配，如红色与橙红或紫红相配、黄色与草绿色或橙黄色相配等。

（3）着装美的原则。

第一，要和所处的环境相协调。当人置身在不同的环境、不同的场合，应该有不同的着装，要注意穿戴的服装和周围环境的和谐。比如，在办公室工作就需要穿着正规的职业装或工作服；比较喜庆的场合如婚礼、纪念日等可以穿着时尚、潇洒、鲜亮、明快的服装；悲伤场合如葬礼、遗体告别等，参加者的心情是沉重而悲伤的，所以要素雅、肃穆。

第二，要和身份、角色一致。每个人都扮演不同的角色、身份，在着装打扮上也自然有规范。当你是柜台销售人员，就不能过分打扮自己，以免有抢顾客风头的嫌疑；当你是企业的高层领导人员，出现在工作场所，就不能随心所欲。

第三，要和自身"条件"相协调。要了解自身的缺点和优点，用服饰来达到扬长避短的目的。所谓"扬长避短"，重在"避短"。比如身材矮小的适合穿造型简洁明快、碎花图案的服饰；肤色白净的，适合穿各色服装；肤色偏黑或发红的，忌穿深色服装；肤色偏黄的，最好不要选和肤色相近的或较深暗的服装，如棕色、深灰色、土黄色、蓝紫色等，它们容易使人显得缺乏生机。

第四，要和着装的时节相协调。只注重环境、场合、社会角色和自身条件而不顾时节变化的服饰穿戴，同样也不好。比较得体的穿戴，在色彩的选择上也应注意季节性，春秋季节适合浅色调的服装，如棕色、浅灰色；冬季可以选偏深色的，如咖啡色、藏青色、深褐色。

（三）配饰礼仪

配饰是人们在着装的同时所佩戴的装饰性物品。在社交场合，配饰尤为引人注目，并发挥着一定的交际功能。它是一种无声的语言，可借以表达使用者的知识、阅历、教养和审美品位。

1.帽子

在讲究服饰搭配的今天，帽子是女性不可忽视的重要饰物之一。当你穿着一身入时的服装，再戴上一项造型生动、色彩协调的帽子时，会给人以豪放中带几分妩媚、素雅中平添几分艳丽的感觉，从而显示出穿着者的风采、情趣和审美能力。在实际着装中，帽子的色彩与服装的色彩相谐调，与服装的主色调接近，给人以清新高雅之感；与服装色彩形成对比，则给人活泼矫健之感。帽子与服装、围巾、手套、首饰等应浑然一体，相互配合，给人以协调统一、珠联璧合之美。不同色彩、造型的帽子给人以不同的视觉效果，在选择帽子时应根据自己的外形，扬长避短，选择一顶最适合自己的帽子。

2.手表

在正规的社交场合，手表往往被视同首饰，有人甚至强调说："手表不仅是男人的首饰，而且是男人最重要的首饰。"在社交场合，人们所戴的手表往往体现其地位、身份和财富状况，因此男士所戴的手表大都引人瞩目。

佩戴手表若要正确无误，自然先要了解手表，并且善于选择手表。选择手表，往往应注重其种类、形状、色彩、图案、功能等五个方面的问题。

（1）种类。

在社交场合，人们一般都是依据价格来区分手表种类的。按照这个标准，手表可分为豪华表、高档表、中档表、低档表四类。

（2）形状。

手表的造型往往与其身价、档次有关。在正式场合所戴的手表，在造型方面应当庄重、保守，避免怪异、新潮。

（3）色彩。

选择在正式场合所戴的手表，其色彩应力戒繁杂凌乱，一般宜选择单色手表或双色手表，不应选择三色或三种颜色以上的手表。不论是单色手表还是双色手表，其色彩都要清晰、高贵、典雅。

（4）图案。

除数字、商标、厂名、品牌外，手表上没有必要出现其他没有任何作用的图案。

（5）功能。

看时间是手表最主要的功能。因此，正式场合所用的手表，不管是指针式、跳字式，还是报时式，都应具有这一功能，并且应当精确到时、分，能精确到秒则更好。

3.戒指

戴戒指时，一般讲究戴在左手之上，最好仅戴一枚，如果想多戴，至多可戴两枚。戴两枚戒指时，可戴在同一只手两个相连的手指上，也可以戴在两只手相对应的手指上。拇指通常不戴戒指。男女都可以戴戒指。

4.胸针

胸针是别在胸前的饰物，多为女士所用，图案以花卉为多，故又称胸花。别胸针的部位多有讲究。穿西装时，应别在左侧领上；穿无领上衣时，应别在左侧胸前。发型偏左时，胸针应当居右；发型偏右时，胸针应当偏左。胸针的具体高度，应在从上往下数的第一粒、第二粒纽扣之间。

5.丝巾

丝巾最得女士的钟爱。不管什么场合，利用飘逸柔媚的丝巾稍作点缀，一下就能让你的穿着更有味道。挑选丝巾关键是看丝巾的颜色、图案、质地和垂坠感。可以用丝巾调节脸部气色，如红色系可映得面颊红润；可以突出整体打扮，如衣深巾浅、衣冷色巾暖色、衣素巾艳。佩戴丝巾要注意：如果脸色偏黄，不宜选用深红、绿、蓝、黄色丝巾；脸色偏黑，不宜选用白色、有鲜艳大红图案的丝巾。丝巾不要放到洗衣机里洗，也不要用力搓揉拧干。

6.项链

项链是戴于颈部的环形首饰，男女均可使用，但男士所戴的项链一般不应外露。项链的粗细，应与脖子的粗细成正比。从长度上区分，项链可分为四种：其一，短项链，长约40厘米，适合搭配低领上装。其二，中长项链，长约50厘米，可广泛使用。其三，长项链，长约60厘米，适合女士使用于社交场合。其四，特长项链，长约70厘米以上，适合女士用于隆重的社交场合佩戴。

7.耳饰

耳饰具体可分为耳环、耳链、耳钉、耳坠等。在一般情况下，它仅为女性所用，并且讲究成对使用，每只耳朵均佩戴一只。在正式的社交场合，不宜戴一只耳环，也不宜在一只耳朵上同时戴多只耳环。不要选择与脸形相似形状的耳环，以防同型相斥，使脸型方面的短处被强调夸大。

（四）其他职业仪容仪表礼仪要求

1.良好的卫生习惯

（1）不当众梳洗。

特别是要避免当众梳理头发、修指甲、化妆，清理耳朵、眼睛、鼻子、牙齿。最好带好面巾纸用来擦汗、眼、鼻，且不乱丢，整理好、放好。

（2）避免发出异响、异味。

打喷嚏、咳嗽时，应转头避人，并用手绢捂住口鼻。如在面对时，转头前应先向人轻声说"对不起"；打嗝，应小声说"请原谅"。打呵欠，无论用什么方式，都是失礼。出声，动作夸张，更失礼。

（3）不用手抓挠身体的任何部位。

最好不摸手、抠指甲、碰双膝、敲打桌椅、抠鼻、抠耳、剔牙等。

（4）禁止吸烟。

公共场合，应自觉禁烟。若地方允许，应注意标识，且考虑是否会影响他人。不乱吹烟，烟灰要弹入烟灰缸内，注意防火。

（5）不当众整理自己的服饰。

忌穿脱随意、拉领带、松腰带、拉裤腿、松鞋放风等。

2.适时检查仪容

适时检查牙缝里有无异物；化妆是否走样；口气是否清新；香水、剃须水是否适量；肩上有无头皮屑；拉链是否拉好；衬裙、袜口是否露出；丝袜是否脱线；衣服是否弄脏等。

3.领带的打法

领带的打法有很多种，这里介绍温莎结的打法，如图1-1所示：

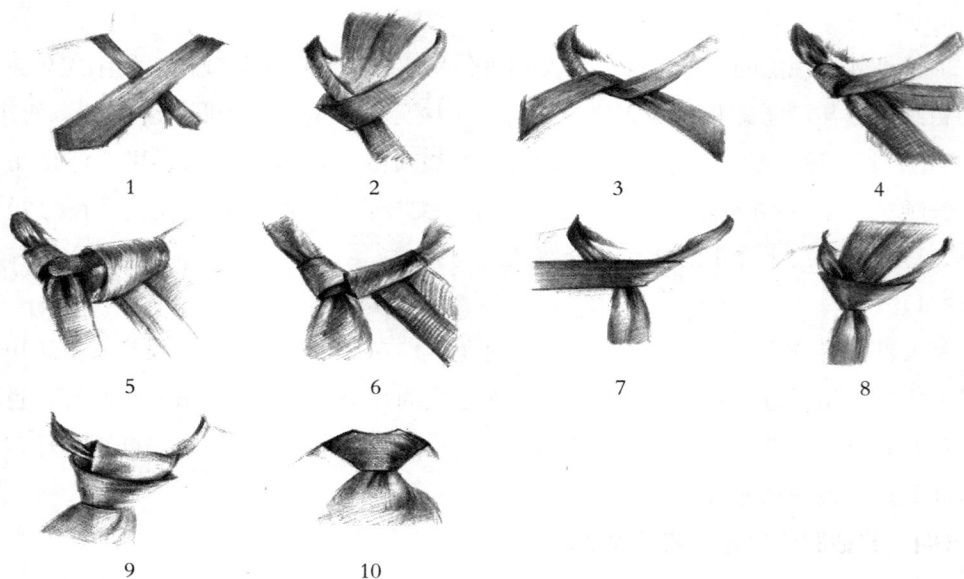

図1-1　温莎结的打法

步骤一：将领带置于颈部，细的一端留短。

步骤二：沿箭头方向将长的一端向后穿出。

步骤三：缠绕拉紧。

步骤四：沿箭头方向从后部绕过。

步骤五：沿箭头方向从前向后穿过。

步骤六：缠绕拉紧。

步骤七：沿箭头方向从前部绕过。

步骤八：沿箭头方向从后部穿出。

步骤九：沿箭头方向从前部穿出。

步骤十：整理、拉紧打结部位，温莎结完成。

4.丝巾的打法

（1）基础方巾结。

一切丝巾的打法，都可以由此延伸（如图1-2所示）。

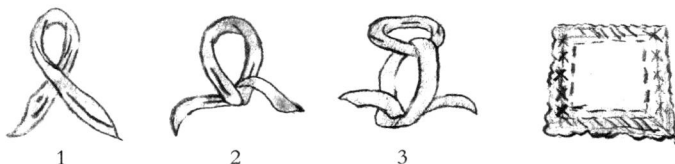

图1-2 基础方巾结

（2）三角巾结。

简单的三角巾打法，只需一个步骤，就能拥有完美的飘逸丝巾（如图1-3所示）。

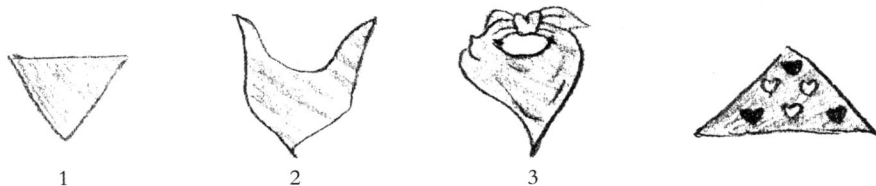

图1-3 三角巾结

（3）V字结。

两端于前面交叉后，在后面打结，轻松简单却相当时髦（如图1-4所示）。

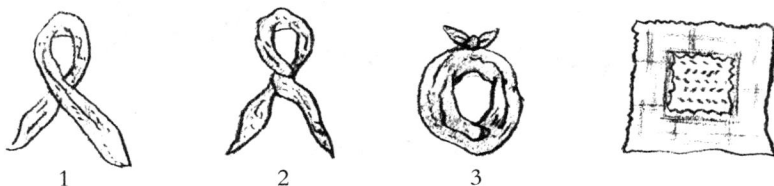

图1-4 V字结

（4）围巾结。

利用系领巾的基础围巾结之后，再多一个步骤，就是另一种变化（如图1-5所示）。

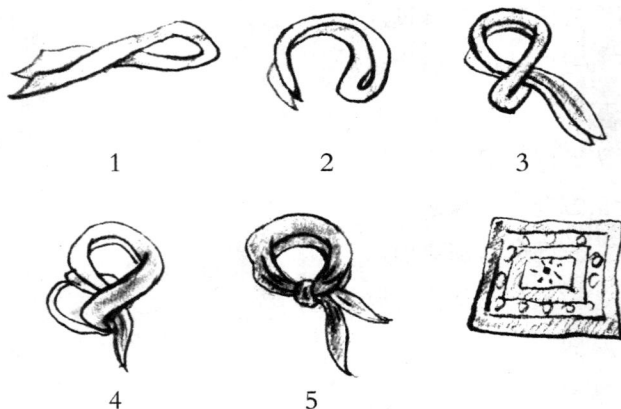

图1-5　围巾结

（5）短项链结。

先打好一个结，再围在脖子上，在后面打结，形成类似于短项链的效果（如图1-6所示）。

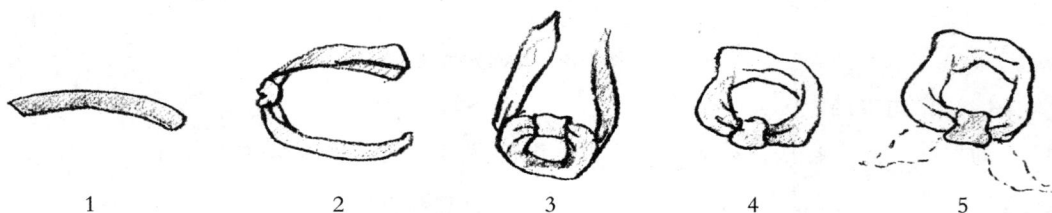

图1-6　短项链结

（6）牛仔结。

青春帅气的打法，简洁利落，能够呈现出上班族的活力（如图1-7所示）。

图1-7　牛仔结

三、课堂训练

（一）训练情景、任务与步骤（见表1-2）

表1-2　　　　　　　　　　职业仪容仪表礼仪训练情景、任务与步骤

训练情景	华英被一家广告公司录用，岗位是办公室文员。第一天上班，华英觉得应该好好打扮一下自己：她上身穿了一件大红色衬衣，下身配一条大红色皮短裙；一双红色镂空图案丝袜，脚蹬一双大红色高跟鞋；长发披肩，斜背一个大红色背包；化了浓妆，唇膏用了梅红色。华英觉得红色系列喜气，自己第一天上班会有好彩头	
训练任务	1.请分析华英的仪容仪表是否符合办公室场景？是否符合办公室文员的身份？如果不符合，应该怎样修正？ 　　　2.结合职业形象塑造要求，请对上课同学与老师的着装与配饰作点评	
训练步骤	训练内容	补充说明
步骤一	以小组为单位，研读训练情景，明确训练目的，清晰训练任务	五人为一小组
步骤二	以小组为单位，商议完成训练任务。教师抽取学生进行分析回答	
步骤三	小组派代表交流训练任务的完成情况	小组按顺序发言
步骤四	教师对训练任务的完成情况作点评	
步骤五	学生观察讨论班级同学的着装礼仪以及教师的着装礼仪	
步骤六	教师抽取学生，要求学生对本班同学以及教师的着装礼仪进行评价	一名学生对教师任意指定的几位同学的课堂着装礼仪进行评价
步骤七	教师点评	

（二）训练评价记录表（见表1-3）

表1-3   职业仪容仪表礼仪训练评价记录

被评价人姓名		组别		情景角色	
评价项目		分值	小组评分 （50%）	教师评分 （50%）	总得分
1.职业妆容与职业服饰的基本要求	分析华英办公室妆容不当处	10分			
	分析华英办公室服饰不当处	10分			
2.职业形象塑造	修正华英办公室妆容	10分			
	恰当的华英办公室服饰	10分			
	点评同学与教师的课堂妆容、发型	20分			
	点评同学与教师的课堂着装、服饰搭配	20分			
3.语言表达：发言流畅		10分			
4.小组合作	交流讨论的积极性	5分			
	交流讨论的和谐	5分			
总计		100分			
评价人					

备注：此考评记录表满分为100分，60~70分为合格，71~89分为良好，90分及以上为优秀。

四、自测训练

1.练习领带与丝巾的打法，并与同学相互评价。

2.设计适合自己的发型与着装风格。

3.请选出下列选择题的正确答案。

（1）对于化妆礼仪，下面说法正确的是（　　）。

A.只要需要，可以随时随地补妆　　　　B.化妆浓淡不能只凭个人喜好

C.必要时，可以借用他人的化妆品　　　D.在同性和异性面前都可以化妆

（2）正式场合中，符合西装纽扣要求的是（　　）。

A.单排双粒扣扣下面一粒　　　　　　　B.单排三粒扣扣上面一粒或上面两粒

C.单排三粒扣扣中间一粒　　　　　　　D.双排扣可不扣

⊙ 任务二　　　　　　　　职业仪态礼仪

一、案例分析与教学目标（见表1-4）

表1-4 　　　　　　　　　　　**职业仪态礼仪案例分析与教学目标**

案　例	A、B两家公司就合作开发新产品进行了几轮前期接触，接触结果令双方满意，于是决定进行正式高层商谈。双方将商谈的日子约定在周五下午三点，地点选在某酒店。商谈结束后，A公司老总吩咐产品开发部经理另外寻找合作伙伴。开发部经理有些不解，询问原因。老总对他说："B公司老总一走进会谈室就双手叉腰，趾高气扬，坐下来又指手画脚，双腿还抖个不停。我不和这样的人打交道。"	
案例分析	A公司老总不愿意和B公司合作，一个非常重要的原因是对方老总的仪态礼仪出了问题。双手叉腰、指手画脚、抖动双腿都不是进行商务洽谈应该有的仪态礼仪，这些动作给人留下的印象是傲慢无礼，颇有指使之态	
教学目标	知识目标	1.了解职场仪态礼仪包含的内容以及表情礼仪的作用； 2.掌握表情、站坐行蹲以及手势等职场仪态礼仪的规范要领
	能力目标	能够成功地塑造职业形象

二、知识储备

仪态通常是指人们身体呈现出的各种姿势以及人们在各种行为中所表现出来的风度，包括身体姿态、表情、手势和常用相关职业仪态，如站、立、坐、行等。

（一）站姿

优美姿态是以正确的站姿为基础的，站立姿态是全部仪态的基础和出发点。

1.标准站姿要领

头正：头要摆端正。

颈直：下颌微收，双目平视前方，面带微笑。

肩平：肩端平，放松，自然呼吸。

胸挺：胸腔挺起。

腹收：腹部后收。

腰立：脊椎、后背挺直。

臀收：臀大肌微收缩并向上提。

腿直：两腿并拢，直立，髋部上提。

腿靠：脚尖向前或呈V字形。

手垂：两手臂自然下垂于体侧，手指自然弯曲。

2.基本站姿

（1）手位。

站立时，双手可采用下列手位之一：

①标准式：两手臂自然下垂，置放于身体两侧。

②握手式：右手搭在左手上，叠放于腹前。

③背手式：双手搭在一起，背于身后，贴在臀部。

④单背式：一手置于体侧，一手背于身后；或一手放于体前，一手背于身后。

（2）脚位。

站立时，双脚可采用下列摆放位置之一：

①两脚并列。

②脚跟靠拢，脚尖向外分开约60°。

③两脚间距离同于或小于肩宽，两脚成"Ⅱ"字形，一般为男士采用。

④两脚成小"丁"字形，一般为女士采用。

（二）走姿

走姿是指一个人在行走时所采取的具体姿态。它是站立姿态的延续动作，行走姿态是人体的一种动态。

1.标准的行走姿态

（1）身直。

抬头，上体正直，挺胸收腹，精神饱满；两眼平视前方，面带微笑；两肩平稳。

（2）步位直。

走路要用腰力，腰适当用力向上提，身体重心稍向前。迈步时，脚尖可微微分开，但脚尖脚跟与前进方向迈出一条直线，避免"外八字"或"内八字"迈步。

年轻女士迈步时，脚内侧踩一条线，所谓"一"字步；男子和中老年妇女则可走两条平行线，所谓"平行步"。

（3）步幅适度。

跨步均匀，两脚间的距离约为一只脚的距离。因年龄、性别、身高和着装的不同，步幅会有所不同。

（4）步态平稳。

步伐应稳健、自然，有节奏感；行走的速度应保持均匀、平稳，不要忽快忽慢，一般每分钟行走80至100步。

（5）手动自然。

两臂放松，以肩关节为轴，两手前后自然协调摆动，手臂与身体的夹角一般在10°至15°。

2.其他行姿

（1）后退步。

与人告别时，应当先后退两三步，再转身离去。退步时脚轻擦地面，步幅要小，先转身后转头。

（2）引导步。

引导步是用于走在前边给宾客带路的步态。引导时要尽可能走在宾客左侧前方，整个身体半转向宾客方向，保持两步的距离。

（3）前行转身步。

在前行中需要拐弯行进时，要在距离所转方向远侧的一脚落地后，立即以该脚掌为轴，转过全身，然后迈出另一脚。向左拐，要右脚在前时转身；向右拐，要左脚在前时转身。

（三）坐姿

1.女性坐姿

（1）正坐式（如图1-8所示）。

图1-8　女士正坐式坐姿

上身挺直，头部端正，双膝并拢，小腿垂直于地面90°，双手一般叠放或相握，置于大腿近1/3处。

（2）侧坐式（S型坐姿）（如图1-9所示）。

上身挺直，双膝并拢，双腿斜放，与地面呈45°夹角。侧坐时，双手一般叠放或相握，置于身体侧面的那条大腿上。

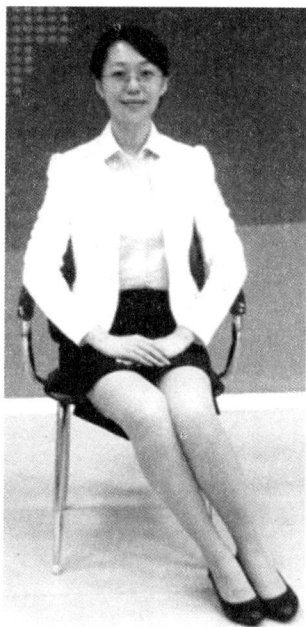

图 1-9　女士侧坐式坐姿

（3）交叉式（如图 1-10 所示）。

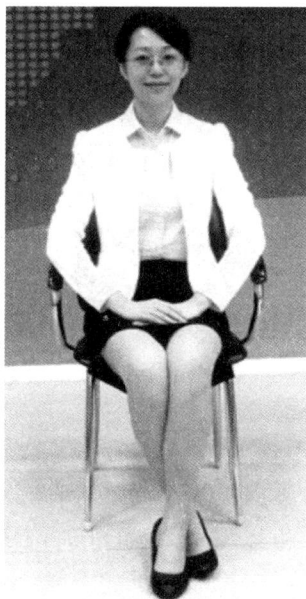

图 1-10　女士交叉式坐姿

上身挺直，坐正，一腿正放与地面垂直，另一腿脚背在前脚脚踝处交叉，两膝部靠紧。

（4）搭腿式（如图 1-11 所示）。

将左腿微向右倾，右大腿放在左大腿上，脚尖朝向地面。双腿方向可以对调。此种

图1-11　女士搭腿式坐姿

坐姿注意与二郎腿区别。

2.男性坐姿（如图1-12所示）

图1-12　男士标准式坐姿

男士标准式坐姿为：上身正直上挺，双肩正平，两手放在两腿或扶手上，小腿垂直于地面，两脚自然分开呈45°。

3.场景坐姿

（1）在谈话、会谈、谈判等比较严肃的场合，适合正襟危坐，上身挺直，坐在椅子中部，双手放在桌子上或腿上，胸部与桌子一拳之隔，脚可以并放或稍分小腿，或小腿前后交错。

（2）在倾听他人的教导、指导、传授、指点时，对方是尊者、长者、贵客，坐姿除了端正以外，应坐椅子的前半部或边缘，身体稍向前倾，表现出一种积极、迎合和重视的态度。

（3）在公关、社交场合，为了使坐姿更优美并便于交谈，可采用略侧向的坐法，上身与腿同时转向对方，双膝并拢，双脚相并或一前一后。

（4）在比较轻松、随意的场合，可以坐得较舒展、自由，也可以经常变换坐姿，以得到休息。

4.职场坐姿注意事项

（1）忌拖（拉）座椅、起坐过猛、响声大。

（2）忌两腿成"4"字形架腿、晃脚尖或脚有节奏地敲击地面。

（3）忌两膝分得很开、腿伸得很远或上身不直、左右摇晃。

（4）忌双脚藏在椅子下或勾住椅凳腿、把鞋挑在脚尖晃。

（5）女性忌叉开两腿、脚尖朝上跷二郎腿、两手夹在大腿之间、裙子掀起露出大腿等。

（四）蹲姿

1.单膝点地式蹲姿（如图1-13所示）

图1-13 单膝点地式蹲姿

下蹲时弯下膝盖，一只膝盖着地，臀部向下，上身保持挺直。

2.交叉式蹲姿（如图1-14所示）

下蹲时右脚在前，左脚在后，右小腿垂直于地面，全脚着地。左膝由后面伸向右侧，左脚跟抬起，脚掌着地。两腿靠紧，合力支撑身体。臀部向下，上身稍前倾。

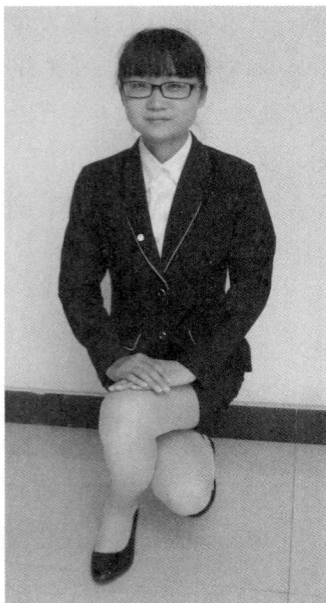

图 1-14　交叉式蹲姿

3.高低式蹲姿（如图 1-15 所示）

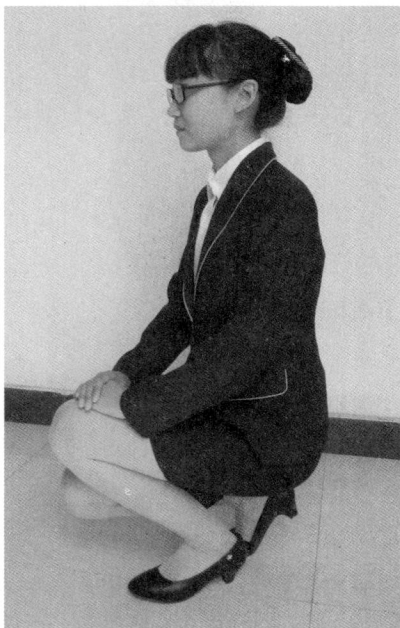

图 1-15　高低式蹲姿

　　下蹲时右脚在前，左脚稍后，两腿靠紧向下蹲。右脚全脚着地，小腿基本垂直于地面；左脚脚跟提起，脚掌着地。左膝低于右膝，左膝内侧靠于右小腿内侧，形成右膝高、左膝低的姿态，臀部向下，基本上以左腿支撑身体。双腿方向可以对调。

（五）手势礼仪

正确的手势礼仪能够体现个人良好的修养。在人际交往中，规范的手势应该是手掌自然伸直，掌心略向上，五指自然并拢，手腕伸直，使手与小臂成一直线，肘关节自然弯曲。打手势时，要柔美、流畅，做到欲左先右，避免僵硬死板、缺乏韵味。同时配合眼神、表情和其他姿态，使手势协调大方。具体有以下四种方式：

1.横摆式（如图1-16所示）

图1-16 横摆式

在表示"请进"、"请"时常用横摆式。

具体做法是：五指并拢，手掌自然伸直，掌心向上，肘微弯曲，腕低于肘。手应从腹部之前抬起，以肘为轴，向一旁摆出，到腰部并与身体正面呈45°时停止。头部和上身微向伸出手的一侧倾斜。另一手下垂或背在身后，目视宾客，面带微笑，表现出对宾客的尊重、欢迎。

2.前摆式（如图1-17所示）

如果右手拿着东西或扶着门，需要向宾客作向右"请"的手势时，可以用前摆式。

具体做法是：五指并拢，手掌伸直，由身体左侧自下而上抬起，以肩关节为轴，到腰的高度再向身前右方摆去，摆到距身体15厘米并不超过躯干的位置时停止，目视来宾，面带微笑。

图 1-17　前摆式

3.斜摆式（如图 1-18 所示）

图 1-18　斜摆式

　　介绍物体时，手势应指向物体的方向。

　　具体做法是：手要先从身体的一侧抬起，到高于腰部后，再向上摆去，小臂与大臂呈直角。

（六）表情礼仪

在日常交往中，人的表情传递着语言以外的信息，所以表情礼仪不可忽视。

1.眼神

眼神礼仪主要体现在视线接触时间的长短、视线接触的方向等方面。

（1）接触时间。

人们视线相互接触的时间，通常占交往时间的30%~60%。超过60%，表示对对方本人的兴趣大于交谈的话题，特殊情况下，表示对长者的尊敬；低于30%，表示对对方本人或交谈的话题没什么兴趣，有时也是疲倦、乏力的表现。视线接触时，一般连续注视对方的时间最好在3秒钟内。

注意：在职场中，长时间的凝视、直视、斜视或上下打量对方，都是失礼的行为。

（2）接触的方向。

视线接触放在眼角至额之间的上三角区，表示公事公办，郑重严肃。视线接触放在眼角以下至下颌的中三角区，表示亲切温和、坦诚平等。视线接触放在双眼至前胸的下三角区，为亲密区，表示关切或热爱。

2.微笑

微笑在人类各种文化中的含义基本是相同的，是真正的"世界语"，能超越文化而传播。微笑会让人有幸福感，会让人觉得自己是一个受别人欢迎的人。

职场中的微笑应是略带笑容，不显著，不出声，热情、亲切，是内心喜悦的自然流露，而非傻笑、奸笑、大笑、狂笑等。

三、课堂训练

（一）训练情景、任务与步骤（见表1-5）

表1-5　　　　　　　　　　职业仪态礼仪训练情景、任务与步骤

训练情景	小王是A公司李总经理的办公室秘书，今天李总经理吩咐小王：下午3点到公司楼下大厅等候公司客户B公司总经理闵经理一行三人，并将闵经理一行带至公司五楼的会议室。下午2点50分，小王就到公司楼下等候闵经理一行。闵经理一行下午3点准时来到A公司。小王带他们坐电梯到公司会议室，安排他们就座。小王从会议室靠墙的柜子底层拿出茶杯与茶叶，用一旁饮水机里的热水为客人泡好茶。此时李总经理来到会议室，自己坐下，并示意小王也坐下
训练任务	1.商讨这一情景中的人员都应该注意哪些仪态礼仪？怎样做才是这一情景中正确的职场仪态礼仪？ 2.进行现场模拟练习

续表

训练步骤	训练内容	补充说明
步骤一	以小组为单位，研读训练情景，明确训练目的，明晰训练任务	五人一组进行训练，确定小组负责人，由负责人交流训练情况
步骤二	小组研讨完成训练任务中第一个任务，并确定模拟演示角色	
步骤三	各小组组长代表小组交流小组商讨结论	
步骤四	小组进行现场模拟	由教师指定小组演示，其他同学观看并做好记录
步骤五	观看同学就演示同学在情境中表现的职场仪态礼仪、职场仪表礼仪进行点评	
步骤六	教师点评	

（二）训练评价记录表（见表1-6）

表1-6　　　　　　　　　　　职业仪态礼仪训练评价记录

被评价人姓名		组别		情景角色	
评价项目		分值	小组评分（50%）	教师评分（50%）	总得分
1.职场仪态礼仪知识理解	职场仪态礼仪注意事项	5分			
	正确的职场仪态礼仪	5分			
2.职场形象塑造	妆容、发式	5分			
	着装、配饰	5分			
	表情	5分			
	站姿	10分			
	坐姿	10分			
	走姿	10分			
	蹲姿	10分			
	引导手势	10分			
	电梯礼仪	10分			
3.语言表达：发言流畅		5分			
4.小组合作	交流讨论的积极性	5分			
	交流讨论的和谐性	5分			
总　　计		100分			
评价人					

备注：此考评记录表满分为100分，60～70分为合格，71～89分为良好，90分及以上为优秀。

四、自测训练

1．站姿练习。要求：明确站立时身体各部位要领；掌握双臂垂直放置以及在工作岗位上恭候宾客时双手所放的位置；调整好面部表情；锻炼长时间站立的忍耐性；站累时能自然改变站立姿势。

2．站姿练习。要求：靠墙训练；背靠背训练；顶书训练。

3．坐姿练习。要求：正式场合的规范坐姿；入座；起座。

4．走姿练习。要求：女生走直线、男生走平行线训练。

5．手势练习。要求：请进、引导、请坐姿势规范。

6．微笑练习。要求：对着镜子，调整面部肌肉：想高兴、得意之事；想笑话；发"一""七""田七""茄子""威士忌"等音。

項目二

> 日常交往礼仪

> 任务一　　　　　见面基本礼仪

一、案例分析与教学目标（见表1-7）

表1-7   见面基本礼仪案例分析与教学目标

案　例	林先生是一位台商，在上海经营一家工厂，经常往返于上海与台湾之间，他到上海常入住A酒店。一天，A酒店王经理外出时遇到老客户林先生，他很诧异，因为林先生没有在他的酒店入住。王经理脱口而出："您什么时候来上海的，怎么没住在我们酒店?"林先生有点不好意思地说："王经理，不好意思了。这次没来打搅你们，我住在别处了。"王经理有点不甘心，于是直接问："林先生，您住在别家酒店了，什么原因啊? 我们是老朋友了，不妨直说。"林先生说："其实也没什么。主要是你们的服务员每次见到我只会说'先生，你好'，我住了这么多次，他们似乎还是不认识我，很机械。于是我就想换换了。王经理不要太在意了。"		
案例分析	称呼客人的姓氏，对客人来讲是一首最美妙的音乐。"您好，先生!"对初来乍到的新客人来说，是一句很礼貌的问候语。但是，对常住客人来讲，却显得陌生和疏远，怪不得林先生觉得不如意。在这个案例中，服务员应把林先生当作老朋友看待，首先要注意称呼客人的姓氏"林"，并根据客人的职务、喜好、性格等特点，说一些充分体现酒店关心客人、尊重客人且客人也爱听的话。如"林先生，今天满面春风，一定是遇到高兴的事情了""林先生，今天天气很好，祝您万事如意!"等等。在不同的场合和时间，在客人面前扮演客人喜欢的不同的服务角色，才能达到恰到好处的效果		
教学目标	知识目标	掌握日常交往中称呼、问候、致意、握手、介绍、名片等基本礼仪要求	
	能力目标	在日常交往中能够正确运用上述基本礼仪，与人和谐相处	

二、知识储备

（一）称呼

称呼指的是人们在日常交往应酬之中，所采用的彼此之间的称谓语。在人际交往中，选择正确、适当的称呼，反映了自身的教养、对对方尊敬的程度，甚至还体现着双方关系发展所达到的程度和社会风尚，因此对它不能随便乱用。

1.社交、工作场合中常用的称呼

（1）职务性称呼。

职务性称呼一般在正式的官方活动、公司活动、学术性活动中使用，以交往对象的职务相称，以示身份有别、敬意有加，这是一种最常见的称呼。

有三种称呼法：只称职务，如董事长、总经理等；职务前加姓氏，如柯总经理、秦主任、卓校长等；职务前加上姓名（适合于极为正式的场合），如×××行长等。

（2）职称性称呼。

对于具有职称者，尤其是具有高级、中级职称者，在工作中直接以其职称相称。

有三种称呼法：仅称职称，如教授、工程师等；在职称前加姓氏，如于教授、李工程师，有时这种称呼也可以约定俗成地进行简化，如"李工程师"可简称"李工"，但需以不产生歧义为前提；在职称前加姓名（适合于正式的场合），如付全红教授、钱吉工程师等。

（3）学衔性称呼。

称呼对方的学术头衔，可以增加被称者的权威性，也有助于营造现场的学术气氛。

有四种称呼法：仅称学术头衔，如博士；学术头衔前加姓氏，如黄博士；学术头衔前加姓名，如黄匡琦博士；将学术头衔具体化，说明其所属学科，并在后面加上姓名，这种称呼最正式，如医学博士黄匡琦。

（4）行业性称呼。

在工作中，可以直接以职业作为称呼，如：老师、教练、会计、医生等。在一般情况下，此类称呼前，均可加上姓氏或者姓名，如：李老师、钱教练、陈医生等。

（5）泛尊称。

这类称呼一般在较为广泛的社交场合中使用，彼此之间不太熟悉甚至完全陌生。如：小姐、女士、太太、先生、同志等。

（6）姓名性称呼。

在工作岗位上称呼姓名，一般限于同事、熟人之间。

有三种称呼法：直呼其姓名，如姜培琳；只呼其姓，在姓前加上"老""大""小"等前缀，如老姜；只称其名，不呼其姓，通常限于同性之间，尤其是上司称呼下级、长辈称呼晚辈，在亲友、同学、邻里之间，也可使用这种称呼，如培琳。

2.生活中的称呼

生活中的称呼应当亲切、自然，表达出亲情和友情。

（1）对自己亲属的称呼。

与外人交谈时，对自己亲属应采用谦称。如：称辈分比自己高的亲属，可在称呼前加"家"字，比如"家父"、"家母"、"家兄"；称辈分比自己低的亲属，可在称呼前加"舍"字，比如"舍弟"、"舍妹"；称自己的子女，可在称呼前加"小"字，比如"小儿"、"小女"。

（2）对他人亲属的称呼。

要采用敬称。对长辈，应在称呼前加"尊"字，如"尊母""尊兄"；对平辈，应在称呼前加"贤"字，如"贤弟""贤妹"；不分辈分与长幼，可在称呼前加"令"字，如

"令堂""令尊""令爱""令郎"。

3.称呼禁忌

（1）称呼过时。

称呼具有一定的时效性，如在我国古代，对官员称为"老爷"、"大人"，若将它们用在现代生活里来，就会不合时宜。

（2）称呼市民化。

在正式交往场合中，一些市民化的称呼不能运用，如"哥们儿""姐们儿""死党""铁哥们儿"等等一类的称呼。

（3）称呼绰号。

人们随意的亲密交往，绰号可以运用。但在正式交往场合中，不能因为熟悉或亲密，称呼对方绰号，更不能随意以道听途说来的对方绰号称呼对方，如：王瘸子、陈四眼等。

（二）问候

在人际交往中，问候是一种常用的方式。见面不问候，或者对他人的问候不作答，都是很失礼的行为。想要问候不失礼，就要注意问候的次序、态度、内容及问候语四个方面。

1.问候次序

（1）单人问候。

一个人问候另外一个人，通常是"位低者先问候"，即身份较低者或年轻者首先问候身份较高者或年长者。

（2）多人问候。

一个人问候多人，特别在正式会面的时候，既可以笼统地加以问候，比如说"大家好"；也可以逐一加以问候，此时，问候次序既可以由"尊"而"卑"、由长而幼地依次而行，也可以由近而远依次而行。

2.问候态度

（1）主动。

问候别人，要积极、主动。当别人首先问候自己之后，要立即给予回应，不要不理不睬，摆架子。

（2）热情。

问候别人的时候，通常要表现得热情、友好，冷若冰霜、面无表情的问候不如不问候。

（3）自然。

主动、热情的问候源自于自然大方的态度。矫揉造作、神态夸张，或者扭扭捏捏，反而会给人留下虚情假意的不好印象。问候的时候，要面含笑意，以双目注视对方的两眼，以示眼到、口到、意到，千万不要在问候对方的时候眼睛看别处，这会让对方不知所措。

3.问候内容

（1）直接式问候。

直截了当地以问好作为问候的主要内容，适用于正式的公务交往，尤其是宾主双方初次相见。如："你好！""见到你真高兴！"

（2）间接式问候。

以某些约定俗成的问候语，或者在当时条件下可以引起的话题进行问候，主要适用于非正式、熟人之间的交往。比如："忙什么呢？""您去哪里？""你吃饭了吗？"等，以此向对方表示问候之意。

4.问候语

（1）问候外国客人。

可以说："您好，欢迎到中国来！""女士们，先生们，欢迎你们的光临！""您好，麦克先生，我们一直恭候您的光临！""您好，见到您很高兴！"不能说："您吃饭了吗？""您上哪儿去呀？"这类话，这类话在中国习以为常，但对西方人来说，这不仅是一种不礼貌的语言，而且还有打听别人私事之嫌。

（2）不同情景的问候。

不同时间段应采用适合时段的问候语，如："您早！""您好！""早上好！""下午好！""晚上好！"等。向客人道别或为宾客送行时可说："再见！""再会！""谢谢光临，欢迎再来！""祝您一路平安！"等。喜庆日子可以说："祝您元旦快乐！""祝您生日快乐！""新年好！""恭喜发财！""开门大吉！"等。宾客若患病或身体不适时，可以说"请多保重！""祝您早日康复！"等慰问语。

（三）致意

致意是指向他人表达问候、尊重、敬意，由行为举止表现出来。它通常在迎送、被别人引见、拜访时作为见面的礼节，所以对社交活动的进行影响极大。致意根据地域、习俗的不同有许多类型，下面简单介绍几种通行的致意礼仪：

1.点头礼

点头礼即点头致意，适用于不宜或无须交谈的场合。如：在会议、会谈进行中见面；在同一场合已多次见面；仅仅有一面之缘的朋友见面。另外，遇到长者、贤者、女士时应停下面带真诚地点头致意。

2.举手礼

适用于向距离较远的熟人打招呼。一般不必出声，只将右臂伸直，掌心朝向对方，轻轻摆一两下即可，不要反复摇动。

3.鞠躬礼

鞠躬即弯身行礼，我国古已有之。它不仅是传统的礼仪之一，也是一些国家常用的礼节。行鞠躬礼时要心诚，应取立正姿势，双目注视受礼者，身体上部向前倾斜，视线也随鞠躬自然下垂。对方亦应以鞠躬礼相还。受礼者如是长者、贤者、女士、宾客，还礼可不鞠躬，而用欠身、点头致意。行鞠躬礼时，上身鞠躬的角度越大，表示态度越谦恭。

4.注目礼

注目礼是一种严肃、庄严的礼节，多在庄重场合使用。比如，升国旗时，人们向国旗行注目礼。因此，行注目礼要挺胸抬头，目视前方，双手自然下垂，表情应严肃，精神应饱满。同时，不得戴帽和手套行礼。

（四）握手

1.握手的顺序

（1）与单人握手。

一般情况下，与单人握手应遵循"先尊后卑"的原则。年长者与年幼者握手，年长者先伸手；长辈与晚辈握手，长辈先伸手；女士与男士握手，女士先伸手。已婚者与未婚者握手，已婚者先伸手；上级与下级握手，上级先伸手；平辈与同性之间，先伸手者为有礼。

注意：男女之间，如女方不伸手，无握手之意，男士点头或鞠躬致意即可，万不可主动去握女士的手。

如果男性年长，是女性的父辈年龄，在一般的社交场合中仍以女性先伸手为主。除非男性已是祖辈年龄，或女性未成年在18岁以下，则男性先伸手是适宜的。

如果一方忽略了握手礼的先后次序而已经伸了手，另一方应毫不迟疑地回握以示礼貌。

（2）与多人握手。

一个人需要与多人握手，先后顺序是：由尊而卑，即先年长者后年幼者，先长辈而后晚辈，先女士后男士，先已婚者后未婚者，先上级后下级。

（3）宾主握手。

接待来访的主人，无论客人是男是女，有向客人先伸手的义务，以示欢迎；当客人告辞时，则应由客人先伸手向主人告别，表示感谢款待，请留步。

2.握手的方法

握手时上身微微前倾，两足立正，双方伸出右手，掌心向左，与地面垂直，虎口张开，四指并拢，彼此之间保持一步左右的距离，双方握着对方的手掌，上下晃动两到三下，以3秒左右为宜，并且适当用力，左手贴着大腿外侧自然下垂。握手时要双目注视对方，含笑致意，并说："您好！""认识您很高兴！""久仰！"之类的话。

一般来讲，握手时地位低的人迎向地位高的人，两个人同时迎向对方也行。

3.握手禁忌

在社交活动中，要避免握手失礼，必须了解握手的禁忌与注意事项。

（1）不要用左手握手。

（2）不要交叉握手，在和基督教信徒交往时，要避免同时与两人握手形成交叉状，这种形状类似十字架，在他们眼里是很不吉利的。

（3）不要戴着手套、墨镜、帽子与人握手。把帽子摘掉，表示一种友善；而戴太阳镜，有拒人于千里之外的感觉。

（4）不要把另外一只手插在衣袋里。

（5）不要面无表情、不置一词或长篇大论、点头哈腰、过分客套。

（6）不要在握手时仅仅握住对方的手指尖，好像有意与对方保持距离。

（7）不要把对方的手拉过来、推过去，或者剧烈抖动。

（8）与异性握手勿用双手。

（9）非特殊情况下，不能坐着与人握手。

（10）不要握手之后立即擦手。

（五）介绍

介绍，是人际交往中与他人进行沟通、增进了解、建立联系的一种最基本、最常规的方式，也可以说，介绍是人与人进行沟通的出发点。介绍一般分为自我介绍与他人介绍两种。

1.自我介绍

自我介绍，就是在必要的社交场合，把自己介绍给其他人，方便对方认识自己。恰当的自我介绍，不但能增进他人对自己的了解，而且还可以获得更多的交往机会。

（1）自我介绍类型。

自我介绍一般有两种情况：一是主动性自我介绍。欲结识某人却无人引见的情况下，自己充当自己的介绍人，将自己介绍给对方。二是被动性自我介绍。应其他人的要求，将自己的某些方面的具体情况进行一番自我介绍。

（2）自我介绍的原则。

自我介绍的原则是尊者有优先知情权。所以，主宾之间，主人应该首先向客人做介绍；长辈和晚辈之间，晚辈先做介绍；男士和女士之间，男士先做介绍。

（3）自我介绍的模式。

寒暄式。适用于公共场合、一般性社交场合，最为简洁，一般只介绍姓名。如：

"你好，我叫刘戴维。"

工作式。适用于工作场合，它包括本人姓名、供职单位及其部门、职务或从事的具体工作等。如："你好，我是田园实业有限公司财务部经理赵琦。"

交流式。适用于社交活动中，希望与交往对象进一步交流与沟通。它大体应包括介绍者的姓名、工作、籍贯、学历、兴趣及与交往对象的某些熟人的关系。如："你好，我叫王欢，在锦江饭店工作，和姜山是老乡，都是山东人。"

2.他人介绍

为他人介绍，又称第三者介绍，是由第三者为彼此不相识的双方引见、介绍的一种交际方式。这种介绍通常是双向的，即对被介绍双方各自作一番介绍。有时，也进行单向的他人介绍，即只将某一方介绍给另一方。

（1）他人介绍的顺序。

遵守"尊者有优先知情权"的规则：先确定双方地位的尊卑，然后先介绍位卑者，后介绍位尊者。具体方法如下：

介绍上级与下级认识时，先介绍下级，后介绍上级。

介绍长辈与晚辈认识时，先介绍晚辈，后介绍长辈。

介绍年长者与年幼者认识时，先介绍年幼者，后介绍年长者。

介绍女士与男士认识时，先介绍男士，后介绍女士。

介绍来宾给主人认识时，先介绍主人，后介绍来宾。

介绍与会先到者与后来者认识时，应先介绍后来者，后介绍先到者。

（2）他人介绍的方式。

由于实际需要的不同，为他人作介绍时的方式也不尽相同。

一般式。它也称标准式，以介绍双方的姓名、单位、职务等为主，适用于正式场合。如："请允许我来为两位引见一下。这位是万达公司企划部经理赵凡先生，这位是环球月星集团副总方莹女士。"

简单式。只介绍双方姓名一项，甚至只提到双方姓氏，适用于一般的社交场合。如："我来为大家介绍一下：这位是林总，这位是黄总。希望大家合作愉快。"

附加式。它也叫强调式，用于强调其中一位被介绍者与介绍者之间的关系，从而引起另一位被介绍者的重视。如："你好！这是我弟弟周笑，请多多关照。"

推荐式。介绍者经过精心准备再将某人举荐给某人，通常会对前者的优点加以重点介绍，适用于比较正规的场合。如："这位是李奇先生，这位是华鑫公司的董芳花经理。李先生是经济学博士，管理学专家。董经理，我想您一定有兴趣和他聊聊吧。"

礼仪式。这是一种最为正规的他人介绍，语气、表达、称呼都更为规范和谦恭。如："章先生，您好！请允许我把大风公司的总裁钱欢介绍给您。这位就是大风公司的总裁钱欢。钱先生，这位是恒金集团总裁章启。"

3.他人介绍的注意事项

（1）介绍者为被介绍者介绍之前，一定要征求被介绍双方的意见，切勿上去开口即讲，显得很唐突，让双方措手不及。

（2）被介绍者在介绍者询问自己是否有意认识某人时，一般不应拒绝，而应欣然应允。实在不愿意时，则应说明理由。

（3）介绍人和被介绍人都应起立，面带笑容。待介绍人介绍完毕后，被介绍双方应微笑点头示意或握手致意。

（4）在宴会上，或者坐在会议桌、谈判桌旁，介绍人和被介绍人视情况可不必起立，近者可握手致意，远者点头致意，也可以欠身致意或举起右手致意。

（5）被介绍的双方如果有意保持联系，则可以互留名片，以便日后联络。

（六）名片

1.名片的功能

（1）介绍自己。

名片上最重要的资讯，就是个人工作单位和联系方式，方便与他人联系。社交场合赠送别人一张名片可以起到辅助介绍的作用。

（2）结交他人。

人际交往中，若想结交某人，往往可以通过递交本人的名片表达结交之意。因为主动递交名片给初识之人，既意味着信任友好，又表示希望成为朋友。在这种情况下，对方一般都会秉持"礼尚往来"的原则，回递名片，从而完成双方结识交往的第一步。

（3）充当礼单。

在礼品包装盒里放一张送礼者的名片。如附在鲜花中，可以写上"祝你早日康复"等话语表示慰问之意等。

（4）留言。

有时候拜访一个人，对方不在，可以留一张名片，以便被访者了解情况。

2.递送名片

（1）尊卑有序。

地位低的人要首先把名片递给地位高的人，比如男士先递给女士，晚辈先递给长辈，下级先递给上级，主人先递给客人等。不过，假如对方先拿出来，自己也不必谦让，应大方收下，然后再取出自己的名片回赠。

如果需要递名片的不止一个人，正规做法是按照职务高低进行。非正规的做法有两个，一是由近而远顺序递送，二是按顺时针方向进行递送。

（2）递送方法。

参加各种正式的活动，应有备而来，带上事先准备好的名片，放在专门的名片夹或上衣口袋里。

递送名片时，应起身站立，走到对方面前，面带微笑，注视对方，双手拿住名片上端两边，名片上的字顺向对方，身体稍前倾，恭敬地递过去，同时配以口头介绍和问候，"你好，我是宋新，这是我的名片，请多多关照"，给对方以谦逊大方之感。

3.接受名片

（1）起身迎接。

把手里的工作先停下来，站起身，双手接过名片，并点头致谢。

（2）回赠对方。

拿到对方的名片之后，一定要及时回赠对方一张自己的名片。名片用完了或者没有带，要说明并致歉。

（3）当面阅读。

接过名片不要立即收起来，也不要随便玩弄或摆放，而应该当着对方的面，认真地看一遍，以表示对交往对象的重视。如果发现对方有重要的头衔不妨念出来，不认识的字不妨当面请教。

（4）慎重归放。

把对方的名片放在自己的名片包里，或放在上衣口袋里，或放在办公室的抽屉里，给别人被重视的感觉。最忌讳当场交换名片之后把名片放在桌子上或其他地方，万一不得不暂时把他人刚递过来的名片放在桌上的话，记住，千万不要在它的上面乱放东西。

4.索取名片

在一般的社交场合中，最好别找人家要名片，如果确实有必要，下面几个办法是比较有效的：

（1）交易法。

索取之前先把自己名片递给对方，并说："非常高兴认识你，这是我的名片，请多指教。"这种情况下，一般对方会回赠你一张名片。

（2）明示法。

如果你跟对方比较熟，你担心他联系方式有变动，想要他的名片，可以明说："谭总，好久不见，我们交换一下名片吧，方便以后联系。"

（3）谦恭法。

如果你跟长辈、名人、有地位的人交往，你可以采用谦恭法去索取名片。比如：

"赵工，认识您很荣幸，不知以后该如何向您请教?"

5.名片礼仪的注意事项

（1）不能随意涂改名片。

名片就是一个人的脸面，不能在上面乱涂乱改。比如刚调过职还没来得及重印名片，就在旧名片上涂改一下。尤其和外商打交道，宁肯不给名片，也不要给他一张涂改过的名片，否则会破坏你的形象。

（2）不提供两个以上的头衔。

名片上印一大堆头衔的话，会给人一种炫耀、不真实甚至蒙人的感觉。

三、课堂训练

（一）训练情景、任务与步骤（见表1-8）

表1-8　　　　　　　　见面基本礼仪训练情景、任务与步骤

训练情景	某大学经济管理学院院长李涵教授应邀前往红叶公司做讲座，红叶公司总经理程光吩咐办公室主任孙静接待。孙静与李涵教授没有见过面，孙静在约定时间之前5分钟到大厅等待李涵教授。李涵教授到后，与孙静互作介绍。之后，孙静将李教授带至会议室，请他稍事休息。5分钟后，总经理程光来到会议室。孙静进行了介绍。双方互换名片	
训练任务	分角色按照称呼、问候、致意、握手、介绍、名片礼仪要求，完成上述情景全部过程	
训练步骤	训练内容	补充说明
步骤一	以小组为单位，研读训练情景，明确训练目的，明晰训练任务	六人为一小组，三人一轮角色。完成后另外三人第二遍演示
步骤二	小组负责人根据情景分配角色	
步骤三	小组内模拟演示	
步骤四	教师指定一小组在全班同学面前模拟演示	其他同学观看，做好点评记录
步骤五	依照见面礼仪基本要求，观看同学对演示情况进行点评	
步骤六	模拟演示小组谈感受	
步骤七	教师总结点评	

（二）训练评价记录表（见表1-9）

表1-9　　　　　　　　　　见面基本礼仪训练评价记录

被评价人姓名		组别		情景角色	
评价项目		分值	小组评分（50%）	教师评分（50%）	总得分
1.职场形象礼仪塑造	妆容、发型	5分			
	着装、整体搭配	5分			
2.职场仪态礼仪	站姿、行姿	5分			
	行进引导	5分			
3.见面基本礼仪掌握	称呼	10分			
	问候	10分			
	致意	10分			
	握手	10分			
	介绍	10分			
	名片礼仪	10分			
4.语言表达：发言流畅		10分			
5.小组合作	交流讨论的积极性	5分			
	交流讨论的和谐	5分			
总计		100分			
评价人					

备注：此考评记录表满分为100分，60～70分为合格，71～89分为良好，90分及以上为优秀。

四、自测训练

1.会计系A班辅导员与旅游系B班辅导员商议，准备在中秋节晚上两个班举行一次联谊活动，两人吩咐两个班班长于周五晚上六点到A班教室协商具体事宜，A、B两班班长互不认识，两人见面后应该怎么做自我介绍？

2.某大学贸经系专业建设研讨会还有20分钟就要正式开始了，会议接待人员孙老师与前来参会的太平洋商场总经理王潇先生坐在会议桌边的沙发上正热烈地交谈着，江苏才俊集团销售公司副总经理蒋芳敏女士款款而入。孙老师应该怎样介绍王、蒋双方？王、蒋见面应该有怎样的礼仪？

3.瑞华公司供应科的李科长到同方集团参观，准备采购部分新产品，同方集团办公室秘书小金引领他来到产品开发部。请问，金秘书应该怎样为李科长和产品开发部沈经理作介绍，他们之间该怎样递接名片？

● 任务二　　　　　　　电话礼仪

一、案例分析与教学目标（见表1-10）

表1-10　　　　　　　　　　　　电话礼仪案例分析与教学目标

案　例	晚上六点钟，薛老师一家正在吃晚饭，突然接到一个学生打来的电话，通话内容是这样的： 　　薛老师："你好！" 　　学生："老师，我要请假。我已经买好了今天下午的车票，明天下午你的课我上不了了。" 　　薛老师："请问你是哪位？" 　　学生："我是刘倩。" 　　薛老师："请问你是哪个班的？" 　　学生："我是会计3班的。" 　　薛老师："你买好票再和我请假，如果我不同意呢？" 　　学生："老师不会不同意的。" 　　薛老师："看来我不得不同意，那我就只能同意了。下次请好假再买票，不要再先斩后奏。" 　　学生："好吧。老师再见。" 　　薛老师："再见！"
案例分析	上述案例中，薛老师似乎不怎么高兴，什么原因呢？ 　　这里存在这样几个问题：第一，打电话的时间不合适，正逢晚餐时间，学生应该在晚餐时间过后打比较合适；第二，学生没有自报家门，让老师摸不着头脑，学生应该先自报家门，再讲事由；第三，请假语言表达不合适，请假理由变成买好车票，似乎是逼迫老师同意请假
教学目标	知识目标	1.了解电话礼仪的重要性； 2.掌握接、打电话的礼仪
	能力目标	能够在不同的工作场景或生活场景中，正确使用电话礼仪，达到和谐沟通的目的

二、知识储备

（一）电话礼仪的基本要求

1.态度始终要保持热情、礼貌

在通话过程中，热情、周到、礼貌的态度会让对方感觉到他是受欢迎的，这样对方才愿意沟通。因此，电话中应尽量使用礼貌用语，如"您好""请""谢谢""欢迎再来"等。要是在通话时想打喷嚏或咳嗽，应偏过头去，掩住话筒，并说声："对不起。"

如果与对方已经不是第一次打交道了，还应尽量从对方的声音中辨别出他是谁，并及时称呼。这样做往往会使对方感觉到在过去的交往中他确实给你留下了深刻印象，从而有一种受尊重、温暖的感觉。

微笑着拿起电话听筒，抱着"对方看着我"的心态，将笑容一直保持到电话结束。尽管对方不会看到你的表情，但微笑确实会使你的声音听起来更加柔和、悦耳，让人有一种愉悦的感受。

2.声音要始终保持亲切、清晰

电话中声音应尽量动听悦耳，音质清亮。语速适中，说话时语速拖沓会让人感觉到懒散，而语速过快又会让人感觉忙乱、紧张，甚至听不清你在说什么，正常的语速能让人感觉自然。表述清晰镇定，反应敏捷。音量应以能够让对方听清，又不干扰周围环境为度。

打电话时决不能喝茶、吸烟、吃零食。即便是懒散的姿势也能让对方感受得到，因此打电话时姿势要端正，才能使你的声音充满活力。

3.用语始终要保持简洁、通俗、明了

打电话也要讲究效率，要善于处理电话中的闲聊和纠缠。电话联络虽然方便快捷，但有时不如书面联络明了、准确。因为人们在讲话时由于发音或表达的缘故，可能会让电话的另一方理解困难甚至产生误解，所以电话用语要选用通俗易懂的词汇，口齿要清楚。

（二）接电话礼仪

1.接听电话要及时

电话铃响三声内接电话是最为合适的。如果铃响三声以上才接听，是效率不高的表现，这时应首先道歉："对不起，让您久等了。"

2.自报家门要准确

接听电话后首先应该自报家门。工作时间接电话时应先报单位名称或部门名称，并问候对方："您好！这里是某某公司某某部门，请问有什么可以帮您的吗？"

非工作时间接电话，熟悉的朋友可以说："你好。"陌生电话可以说："你好。我是某某。"

3.应对电话内容要得体

接到找他人的电话后切忌先问对方是谁，然后再告诉对方要找的人在不在，这样对方会误以为你是"因人而异"。如果对方要找的人不在，可以礼貌地说："××不在，估计××（时间）能回来，您是再打来电话，还是留言呢？"对方如果留言，要准确记录，及时转达，并且为事主保密，不要将留言内容随意传播。替对方叫其他人接电话时，应说"请稍等"。转接电话应说："好的，马上为您转接过去，请稍等。"

4.处理打错电话要礼貌

打错电话时，应说"对不起"，找的人不在时，不能马上挂断电话，要表示感谢再挂断电话。接到打错的电话，应该说："这是××公司，电话是×××××××，您是不是打错了？"不应该只说"打错了"就生硬地挂断电话。

5.辅助准备要到位

为了保证接听电话内容准确，在电话旁边要放置记录本和书写流畅的笔，随时记录接听电话的要点，包括：来电人单位、姓名（或姓氏）、性别、通话内容要点、是否需要回复、需要回复的内容、回复的时间要求、回复电话的号码（包括分机号码）等。如果条件允许，最好使用有来电显示功能的电话，这样在忘记问对方电话号码的情况下能够方便查找。为方便右手记录，电话应放在办公桌的左手边。在通话结束之前，要与对方核对所记录的信息要点，及时纠正信息记录中的疏漏。

6.结束通话要适时

一般应等打电话的一方提出结束通话的意向，然后双方明确地以"再见"作为结束语客气地道别，等对方挂断电话后，再轻轻挂上电话。

（三）拨打电话的礼仪

1.选择合适时间

拨打电话，首先要考虑在什么时间最合适。如果不是特别熟悉或者有特殊情况，一般不要在早八点以前、晚十点以后打电话，也不要在用餐时间和午休时打电话，否则有失礼貌，也影响通话效果。刚刚上班的前40~50分钟，特别是周一，往往是最忙的时候，人们一般不太愿意被电话打扰。拨打国际电话时，应有时差的概念，选好通话的时间。

2.礼貌开头

当对方拿起听筒后，应当有礼貌地称呼对方，亲切地问候："你好！"只询问别人，不通报自己是不礼貌的，应该及时向对方通报自己。如果需要讲的内容较多，可问："现在与您谈话方便吗？"

3.耐心处理通话中断

打电话时，电话因故障临时中断，作为打出的一方，应主动再将电话打回去，并向对方解释和道歉。

4.适时结束通话

通常情况下，打电话的一方先挂断电话，如果双方公司都有规定不能先挂断电话，这个时候一般是由职位高的、年长者先挂断电话。

挂断电话的方法是：先用右手将切话器轻轻按下去，听到已经挂断的忙音之后，再将左手的听筒挂在话机上。如果直接将听筒扣到话机上，容易使电话发出较大的声音，让对方误以为你因为生气而"摔电话"。给尊者打电话时，应当等尊者先挂断电话之后再挂上电话，不能只管自己讲完就挂断。

（四）接打手机礼仪

手机是目前工作和生活中不可缺少的沟通工具。在使用手机时要注意以下礼仪：

1.在公共场所应将手机调至静音或者振动状态

如在会议室、课堂、阅览室、影剧院等场所，必须将手机调至静音或者振动状态。

2.周围有禁止无线电发射标志的地方不能使用手机

在飞机、加油站、医院等场所应避免使用手机，以免给人身安全造成威胁。开车时同样禁止使用手机。

3.注意手机的放置

手机应放在公文包或手提包中，如果体积比较小巧，可以放在外衣口袋里，但要注意不可以破坏外衣原有的形状。

4.通话时的注意事项

使用手机通话，以下两种情形要注意：一是如有他人在场，应尽量降低说话的音量，更不能举着手机面对着他人大声通话；二是如与他人会面或用餐时要接电话，在手机铃声响起之后应当向周围的人说"对不起"，然后到洗手间或方便的地方接听，并注意通话时间不要太长。

5.发送信息、图片时的注意事项

在职场上用手机给工作交往对象发送短信息或照片，要注意使用恰当的称呼与语气，避免使用过于随便的语气、非正式的玩笑话及娱乐性过强的图片、彩铃等。收到不文明的、迷信的、"恶搞"的短信时，不要继续转发。

6.一般不要借用他人手机打电话

不得已的情况下需要借用他人手机时，应当在机主的身边，简短地通话，不能离开机主的视线使用手机。用过之后，要表示感谢，如果通话费用很高，要在适当时机给予补偿；未经许可，不要接听他人的手机。替他人保管手机时，不要翻看手机中的通讯录、通话记录、短信息等。

三、课堂训练

（一）训练情景、任务与步骤（见表1-11）

表1-11　　　　　　　　　　　电话礼仪训练情景、任务与步骤

训练情景	2015年5月20日下午三点，江苏通云公司无锡分公司总经理办公室秘书苏小姐正在自己办公桌前整理文件，接到总公司办公室殷先生电话，要找分公司总经理邵先生。此时邵先生正与客户谈生意，苏小姐告知了殷先生。殷先生要求苏小姐转告邵先生：公司要求在5月25日前将无锡分公司下半年的运营方案发至总裁邮箱，并且于6月1日携带纸质方案至公司总部会议室参加分公司经理大会。会议具体时间、地点将会在今晚六点之前由殷先生发至邵先生邮箱	
训练任务	1.模拟该电话的通话过程； 2.分别说出两个角色在通话过程中的礼仪要求	
训练步骤	训练内容	补充说明
步骤一	以小组为单位，研读训练情景，明确训练目的，明晰训练任务	四人为一小组，组长负责训练全过程。二人一轮，分批进行
步骤二	组长根据情景分配角色	
步骤三	分析通话过程中的礼仪要求，并做好记录	
步骤四	小组内模拟情景通话	二人进行模拟练习时，另外二人做好优缺点记录
步骤五	小组内根据模拟情况进行修正再练习	
步骤六	全班同学前进行模拟练习	教师指定小组
步骤七	学生点评模拟表现	针对电话礼仪要求进行点评
步骤八	教师点评	

（二）训练评价记录表（见表1-12）

表1-12　　　　　　　　　　　电话礼仪训练评价记录

被评价人姓名		组别		情景角色	
评价项目		分值	小组评分（50%）	教师评分（50%）	总得分
1.职场形象礼仪塑造	妆容、发型	5分			
	着装、整体搭配	5分			
2.职场仪态礼仪	坐姿	5分			
3.电话礼仪	接电话	15分			
	拨电话	15分			
	听电话过程	10分			
	挂电话	15分			
4.语言表达	电话内容表达准确、流畅	10分			
	发言流畅	10分			
5.小组合作	交流讨论的积极性	5分			
	交流讨论的和谐	5分			
总计		100分			
评价人					

备注：此考评记录表满分为100分，60~70分为合格，71~89分为良好，90分及以上为优秀。

四、自测训练

1.上课期间，你的手机响了，你会怎么做？

2.你在开部门早会，部门经理正在布置一天工作，这时你的手机响了，原来是你的一位大学同学打来的，你会怎么做？

3.早上一上班，总经理就让小张给财务经理林先生打电话，要求财务经理下午两点把公司上半年的财务报表拿给他，他要过目。请模拟小张打这个电话的过程。

4．下班后，华芳接到母亲打来的电话，说是第二天要到华芳工作的城市来看她，第二天上午九点到车站。华芳担心母亲第一次来陌生城市不认路，于是决定给上司打电话请假。请问华芳应该怎样打这个电话？

任务三　　　　　　　接待拜访礼仪

一、案例分析与教学目标（见表1-13）

表1-13　　　　　　　　接待拜访礼仪案例分析与教学目标

案　例	达升公司和强华公司合作多次，两家公司关系一直很融洽。6月18日，强华公司的李副总到达升公司洽谈一项业务。可接待李副总的是达升公司的章副总，而不是以前一直接待李副总的顾总。李副总问章副总："顾总呢？怎么没见他？"章副总不好意思地说："李总，今天不凑巧，新华公司和我们谈一个项目，顾总去那边了。我们是老朋友了，所以顾总就让我来了。"李副总一听，脸露不悦："原来顾总有了新朋友，忘了老朋友了。"章副总连忙道歉。李副总还是不悦地说："看来我们的关系也要从新朋友开始才行。"	
案例分析	在接待来访过程中，接待规格非常重要。一般来说，应采用对等方式接待。但如果是老朋友来访，则要按照以往的接待规格来接待。上述案例，虽然达升公司的副总接待强华公司副总属于对等接待，但是因为对方已经习惯了以往的高规格接待，自然对这一对等接待表示不满	
教学目标	知识目标	1.了解接待的原则，掌握迎客、待客、送客的礼仪要领； 2.了解并掌握拜访的礼仪要领
	能力目标	能够在不同的场景中正确运用接待与拜访礼仪

二、知识储备

(一) 接待

1.接待常规礼仪要求

接待是指个人或单位以主人的身份招待有关人员，以达到某种目的的社会交往方式。接待可以起到增进联系、提高工作效率、交流感情、沟通信息的作用，是个人和单位经常运用的社会交往方式。

（1）接待原则。

接待来访者，总是希望客人能乘兴而来，满意而归。为达到这一目的，在接待过程中一定要遵循身份对等、互相尊重、平等相待、主随客便的原则。

（2）接待规格。

根据陪同人员身份的不同，接待可以分为三种规格：

①对等接待。主要陪同人员与主要来宾的职位相当，这是最常用的接待规格。

②高规格接待。主要陪同人员比主要来宾的职位高的接待。如某公司董事长接待准备引进的人才，从地位上讲，引进员工的地位较低，这就是高规格接待。高规格接待表明对被接待一方的重视和友好。

③低规格接待。主要陪同人员比主要来宾的地位低。如上级领导来研究、视察工作，来客目的是参观学习等，可作低规格接待处理。但在这种接待中要特别注意热情、礼貌，而且要谨慎用之。

（3）接待引领姿势。

在接待中，有可能要给对方指示方向或引导就座位置，规范而优美的引导姿势就很重要了。正确做法是：掌心向上，五指自然并拢，前臂自然上抬伸直。上体稍向前倾，面带微笑，自己的眼睛看着目标方向并兼顾对方是否意会到目标。

引领过程中，陪同人员应走在宾客的左前方，并超前两步，时时注意引导，遇到进出门户、拐弯或上下楼梯时，应伸手示意并加上语言提示。

2.接待礼宾次序

礼宾次序是指重要礼仪场合的参加团体或个体的位次按照约定俗成的规则所进行的具体排列。合理的礼宾次序是主方对于客方的一种礼遇，是尊重与平等的表示。下面介绍几种情况的礼宾次序：

（1）行走次序。

行走时两人并行，以右为尊；两人前后行，前者为尊；三人并行，中者为尊，右边次之，左边更次；三人前后行，前者为尊。

上下楼梯时，上楼梯前者为尊。下楼梯特别是楼梯较陡时，尊者在一人之后。

（2）乘坐电梯次序。

①垂直移动电梯。陪同人员应该先进后出，按住电梯内的开关钮，等客人都进入了再关上电梯门。一般来说，进入电梯后，面向电梯，左边靠里的位置可以看作尊位，但这点并不是很严格的。

②平面移动电梯。要求单行行进，一般以本国的行进方式为主站立。如在中国我们就应该靠右站立，不能几人并列。电梯的另一边作为紧急通道，方便他人行走。

（3）就座次序。

三人并坐，居中为大，右边次之，左边更次；室内围坐时，面对门口的正中间位置为尊。

（4）乘车次序。

①驾驶员开车。按汽车前进方向，后排右座为尊位（即司机对角线位置），中座次之，左侧更次，副驾驶位置最次。按惯例，在社交场合，副驾驶位置不宜请妇女或儿童就座。助手、接待或陪同人员要坐在副驾驶位置。

②主人开车。副座是尊位，应由主宾坐。另外，主人驾车时，如果女主人也在车上，那么主人旁边的位置应该是女主人坐，客人坐在后排右座；若中途女主人下车，那么客人可换到前排右座。

③三排座的轿车。最后一排是上座，中间一排次之，前排最次。这个礼仪规范在西方非常普及，也正流行于中国的城市。它的产生可能主要出于安全的考虑，因为大多数车祸或遭袭击时，首先受伤害的是坐在前排的人。

④上下车。乘坐轿车时，按照惯例，应当恭请尊者首先上车，最后下车。位卑者则应当最后登车，最先下车。

3.接待的程序

（1）接待准备。

迎接时，通常根据来访者身份、地位、来访性质及其与当地的关系等因素，安排相应的迎接。

首先，要确定迎接规格以及接待日程。接待日程包括迎接、会见、谈判、参观、游览、宴请等。接待日程的制定，通常应由接待方负责，但须经宾主双方先期有所沟通，并对来宾一方的要求予以充分考虑。接待日程一旦最后确定，即应立即向来宾通报。

其次，安排接待场所。接待场所也即会客室，在客人到达前要根据具体情况，布置好会客室。打扫干净，适当准备一些水果、饮料、茶具、绿植等。如果是商业或其他公务会谈，还应准备一些文具用品和可能用上的相关资料，以便使用和查询。会客室的布置以整洁、美观、方便为原则。

再次，安排接站。来访者到来之前，要了解客人是乘坐什么交通工具而来。如果是带车来访，那么就在自家门口做好准备即可；如果是乘汽车、火车、飞机、轮船而来，就应做好接站的准备。接站时如单位有车应带车前往车站、码头或机场候客，同时，还要准备一块接客牌，上面写上"迎接×××代表团"或"迎接××单位××同志"或"××接待处"等字样。迎接时要举起接客牌，以便客人辨认。

最后，安排食宿。安排食宿时先要了解客人的生活习惯，然后尽力而为，不铺张浪费。

（2）见面。

第一步：相迎。客人在约定的时间按时到达，主人应提前去迎接。如果是在家中接待朋友，最好是夫妇一同出门迎接客人的到来。见到客人，主人应热情地打招呼，主动伸出手相握，以示欢迎，同时可以说"您路上辛苦了！""欢迎光临！""您好！"等寒暄语。如客人提有重物应主动接过来，但不要帮着客人拿手提包或公文包。对长者或身体不适的客人应上前搀扶，以示关心。

第二步：让座。如果是长者、上级或平辈，应请其坐上座；如果是晚辈或下属则请随便坐。

第三步：介绍。如果客人是第一次来访，应该首先互致问候并介绍。

第四步：敬茶。客人坐定后为客人敬茶。敬茶时要应尽量当客之面把茶杯洗净，即使是平时备用的洁净茶杯，也要再用开水烫洗一下，让客人觉得你很讲卫生，避免出现客人因茶杯不洁而不愿饮用的尴尬局面。沏茶取茶叶时要用专用的取茶叶工具，不要直接用手。端茶要双手，一手执耳，一手托底。茶杯要轻放，以免茶水泼洒出来。斟茶动作要轻缓。斟茶只要到杯子三分之一处就可以。斟茶要适时，客人谈兴正浓时，不要频频斟茶。客人停留时间较长，茶水过淡，要重新添加茶叶冲泡，重泡时最好用同一种茶叶。

第五步：谈话。谈话是待客过程中的一项非常重要的内容，是关系到接待是否成功的重要一环。首先，谈话应该使用规范的普通话。语音的规范与否，与你的形象，以及你所在单位的形象有密切关系。其次，谈话要紧扣主题。拜访者和接待者会谈是有目的的，因此谈话要围绕主题。如果是陪同访问，或者朋友之间的交流，要找双方都感兴趣的话题，不要只谈自己的事情或自己关心的问题，不顾对方是否愿听而冷落对方。最后，要注意与客人交谈应有所顾忌。谈话内容不可粗俗，语气要谦虚诚恳，气氛要和谐融洽，不可与客人争辩。

（3）送客。

当客人准备告辞时，一般应诚意婉言相留。主人要在客人起身后再起身。如果是在家里接待客人，最好叫家中成员一起送客，并主动与客人握手道别。最后还要用热情友好的语言欢迎客人下次再来。

如果客人要坐汽车、飞机等交通工具，则要将客人送至车站、机场，要等客人的身影完全消失后再返回。在家里或者办公室送客时，要送出门口或者送到电梯口，送毕返身进屋后，应将房门轻轻关上，不要使其发出声响。如果客人比较坚决地谢绝主人相送，则可遵从客人意思，不必强行送客。

（二）拜访

1.拜访的类型

拜访又称拜会或拜见，一般是指前往他人的工作地点或私人住所，会晤、探望对方，或是进行其他方面的接触。通过拜访，人们可以交流信息，沟通思想，统一意见，发展友情。

拜访可分为两种类型：一是公务性拜访；二是私人拜访。其中，公务性拜访又可根据内容分为业务商谈性拜访和专题交涉性拜访等。

2.拜访的过程

（1）拜访准备。

选择恰当时机，提前约定拜访时间。拜访应选择在比较恰当的时间，避开吃饭、休息等时间；不得已要突然拜访时，可尽可能早些打个电话。

准备拜访所携带材料。如名片、拟好的提问纲要、可能会用到的文字资料或电子资料、适宜的礼品等。

准备拜访所穿戴服饰。事务性拜访要西装革履、整洁大方；如果是礼节性拜访，对方比较熟识，也可穿便服；私人拜访则最好选择高雅、庄重又不失亲切、随和的服装。

（2）见面拜访。

拜访要严守时间。一旦与被拜访者约好了时间，就应该如期而至，不能迟到或早退。第一次去的地方要提前熟悉交通路线，以免走弯路耽误时间。

拜访要彬彬有礼，到达被访人所在地时，要用手轻轻敲门，进屋后等主人安排后坐下。后来的客人到达时，先到的客人可以站起来，等待介绍或点头示意。告辞时要同在场所有人一一告别；主人相送时，应说"请回！""留步！""再见！"等话语。

①公务拜访。

第一步：到达对方单位时先要清晰地、有礼貌地自报姓名、所在单位，告知有无预约。

第二步：带进接待室后，先在下座的位子上坐下。被邀请坐上座时再移动到上座的位子上。在等待的时间内，不要在室内来回走动。

第三步：被访的对象进来时，要起身打招呼，并对对方抽出宝贵的时间来接待表示感谢。

②私人拜访。

第一步：准备礼物。如果要委托主人办事或者是向主人致谢的拜访，最好带些礼物。

第二步：进门前，先轻声敲门或按门铃。当主人询问你的身份时，应通报自己的姓名，不熟悉的还可以报上单位，而不能只回答"我"。

第三步：进屋后，应礼貌询问主人是否要换鞋。夏天进屋后再热也不应脱掉衬衫、长裤；冬天再冷也应脱下帽子、手套、大衣和围巾，并切忌说冷。雨天携有雨具拜访时，进屋后应立即请主人将雨具安放好。

第四步：主动向所有人打招呼、问好，或适当寒暄；对陌生人也应点头致意，按主人指点的座位入座。

第五步：与主人交谈，应注意礼貌，姿势端正自然，语气温和可亲。若对方是长者，不可随便插话，更不要自以为是。

第六步：主人递烟时，如你不会抽，也应致谢，要说"谢谢，我不会"。如果主人没有递烟，而自己又特别想抽时，应先征得主人同意："对不起，我可以抽烟吗？"待主人同意后方可抽烟，切忌将烟灰随处乱弹。吸烟时不可四处走动，注意烟雾的走向，如果你吐的烟雾直冲你旁边的某位不吸烟者，应该主动请求换位或挪位。吸剩的烟蒂要适度，以留1厘米左右为宜，一直吸到滤嘴才罢休的方式在社交场合是不得体的。

第七步：不要在主人刚说完一段话或一件事时就立即告辞，这样会使主人觉得你对他的谈话或所说的事不耐烦。如果发现主人有急事要办，则应适时结束交谈并告辞。告别时，要向所有人说"再见"，并诚意邀请他们到自己家里做客。

三、课堂训练

（一）训练情景、任务与步骤（见表1-14）

表1-14　　　　　　　　接待拜访礼仪训练情景、任务与步骤

训练情景	A公司总裁华先生带领由企划部经理、财务部经理以及秘书陈小姐组成的公司考察团，乘坐飞机到B公司考察合作项目。飞机到达B公司所在城市为下午四点，B公司总裁要求秘书小金安排接待等事宜	
训练任务	1.小金应该做哪些前期准备工作？请做好方案。 2.模拟B公司接待A公司考察团的全过程	
训练步骤	训练内容	补充说明
步骤一	以小组为单位，研读训练情景，明确训练目的，明晰训练任务	以八人为一小组进行练习，指定一人为组长
步骤二	小组根据情景商讨设计接待方案，组长根据所设计接待方案分配角色	
步骤三	小组内模拟练习	
步骤四	各小组派代表交流设计方案	
步骤五	教师任意选择一小组进行课堂模拟接待全过程练习	班级其他人员观看演练，并做好优缺点记录
步骤六	学生按照接待、拜访礼仪要求进行点评	
步骤七	教师总结	

（二）训练评价记录表（见表1-15）

表1-15 　　　　　　　　　　接待拜访礼仪训练评价记录

被评价人姓名			组别		情景角色	
评价项目		分值	小组评分（50%）	教师评分（50%）	总得分	
1.职场形象礼仪塑造	妆容、发型	5分				
	着装、整体搭配	5分				
2.职场仪态礼仪	站姿、坐姿	5分				
	行姿	5分				
3.接待、拜访礼仪	接机	5分				
	坐车	5分				
	问候称呼	10分				
	名片	5分				
	握手	5分				
	介绍	10分				
	引导	5分				
4.设计方案		10分				
5.语言表达	方案交流	5分				
	点评	10分				
6.小组合作	交流讨论的积极性	5分				
	交流讨论的和谐性	5分				
总计		100分				
评价人						

备注：此考评记录表满分为100分，60～70分为合格，71～89分为良好，90分及以上为优秀。

四、自测训练

1.张兰大学毕业了，也找到了一份心仪的工作。上班之前她想去拜访一下带她三年的高中班主任老师。张兰应该怎样去拜访？

2.大强的父母都去上班了，家中只有他一人。这时门铃响了，大强开门一看，是父亲的好友林叔叔。大强应该怎样接待林叔叔？

项目三

> ## 职场仪式礼仪

> ### 任务一　　　　　商务宴请礼仪

一、案例分析与教学目标（见表1-16）

表1-16　　　　　　　　　　**商务宴请礼仪案例分析与教学目标**

案　例	王经理和他的上司周总是大学同学。一日，王经理接到大学同学张先生的电话，说是正好到南方出差，约上了另两位大学同学林女士与柯先生一起来看望王经理与周总。 　　王经理非常高兴，心想老同学快20年没见面，决定当天晚上宴请老同学。他在某酒店定了八人座的圆桌包间，并且提前打电话邀约了周总和周总夫人以及三位远道而来的客人，告知晚上6点在某酒店某包间共进晚餐。 　　晚上6点，王经理与夫人到达酒店包间，正好周总和夫人同时到来，刚在包间里站定，张先生、林女士、柯先生也到了。于是王经理热情招呼大家入座。他首先安排周总坐在面对门的主位上，周总推辞，但王经理坚决请周总就座，周总不好再推辞。王经理自己坐在周总的右边，再安排张先生坐在周总左边，自己的右边和张先生的左边依次坐林女士和柯先生，自己夫人和周总夫人则坐在门口留下的两个位子
案例分析	王经理在安排座次时，周总一再推辞，是什么原因呢？这次宴请在礼仪上有哪些欠妥之处？应该怎么做才是合乎宴请礼仪的？ 　　这是一次类似家庭宴请式的中餐晚宴，主人应该是王经理夫妇。周总推辞是表示谦让与尊重主人，不过因为周总身份比王经理高，王经理这样的安排也是可以的。 　　这次宴请在礼仪上的欠妥之处为主人王经理夫妇到达酒店的时间不妥，应该提前20分钟左右到达
教学目标	知识目标：1.了解宴请的类型；2.掌握中餐宴请与西餐宴请的礼仪要求 能力目标：能够根据不同的情景要求恰当地安排中餐和西餐宴请，并且符合宴请礼仪要求

二、知识储备

宴请是社会交往活动中最常见的一种交际活动，宴请礼仪是指在宴请过程中宾主双方都应该遵守的行为规范。

（一）宴请的类型

宴请根据不同的分类标准，可以有以下几种类型：

按规格划分：国宴、正式宴、便宴、家宴；

按餐别划分：中餐宴、西餐宴、中西合餐宴；

按时间划分：早宴、午宴和晚宴（最隆重）；

按内容划分：欢迎宴、答谢宴；

按性质划分：招待会、工作餐等。

1.国宴

国家元首或政府首脑为招待外国元首或政府首脑，或者在国家庆典时招待各界人士而举行的正式宴会，是宴请活动中规格最高、形式最隆重的宴请。宴会厅内要悬挂国旗，宴请开始时要演奏国歌。

2.正式宴

正式宴的规格和标准都稍低于国宴，不挂国旗，不演奏国歌。其安排与服务程序大体与国宴相同。

3.便宴

便宴即便餐宴会，多用于非正式的宴请。便宴的一般规模较小，菜式有多有少，质量可高可低，程序较随便，气氛亲切，多用于招待熟悉的宾朋好友。

4.家宴

家宴是在家中以私人名义举行的宴请形式。家宴一般人数较少，不讲严格的礼仪，菜式多少不限，宾主席间随意交谈，轻松活泼、自由。

5.中餐宴

中餐宴是中国传统的具有浓厚的民族色彩的宴会。宴会遵循中国的饮食习惯，饮中国酒，食中国菜，用中国餐具，遵循中国的传统礼仪要求。

6.西餐宴

西餐宴是运用西式餐具，食用西式餐点，饮用西式饮料的宴会。

7.招待会

招待会是比较灵活的宴请形式，不备正餐，以各种比较简便的食品和酒水饮料招待客人，通常不排席位，客人可以自由活动。常见的有：

（1）自助餐。

自助餐又称冷餐会。这种宴请形式的特点是不排席位，也很少有服务员，客人可以随喜好自由取菜。国外自助餐的菜肴以冷食为主，所以称"冷餐会"。国外的冷餐会可以在室内院子里、花园里举行，可设小桌、椅子，自由入座，也可以不设座椅，站立进餐。这种形式常用于官方正式活动，可以宴请人数众多的宾客。我国国内举行的自助餐通常都有热菜，喜用大圆桌，设座椅，主宾席排座位，其余各席不固定座位。

（2）酒会。

酒会又称鸡尾酒会。这种招待会形式较活泼，便于宾主广泛接触自由交谈。招待品以酒水为主，略备小吃。饮料和食品由招待员用托盘端送，或部分放置于小桌上。客人可在其间任何时候到达和退席，来去自由，不受约束。

（3）茶会。

茶会是一种简便的接待形式，通常安排在上午10点或下午4点左右。一般在客厅举行，内设茶几、座椅，备有茶、点心或地方风味小吃，客人一边品尝，一边交谈。茶会对茶叶以及泡茶都颇有讲究。有外国人参加的茶会还可以准备咖啡和冷饮。

8.工作餐

工作餐是现代生活中一种经常采用的非正式宴请形式，是利用进餐的时间和形式，边吃边谈工作，一般是与工作有关的人员参加。

（二）宴请的程序

1.明确宴请对象与目的

首先要明确宴请的对象，了解宴请对象，包括主宾的身份、民族、国籍、习俗、爱好等，以此确定宴会的目的、形式、范围等。

宴请的目的多种多样。可以是为表示欢迎、欢送、答谢，也可以是为表示庆贺、纪念、节庆聚会、工作交流、会议闭幕，还可以是为某一事件、某一个人等等。明确了目的，也就便于安排宴会的范围和形式了。

2.确定宴请范围与形式

宴请范围是指宴请所参加的人员。主客双方的身份要对等，主宾如携夫人，主人一般也应以夫妇名义邀请。由哪些人作陪也应认真考虑。

宴请的形式要根据规格、对象、目的确定。

3.确定宴请时间

宴请时间应选择主客双方方便、共同合适的时间。应该注意以下几点：

第一，不要占用周末、节假日等人们休闲的时间。

第二，如果是为某人举行的宴会，一般要征求主宾的意见。

第三，如果是为某事举行的宴会，要选择一个能达到目的理想日子。

第四，如果宴请的对象中有少数民族同胞或外宾，还要注意某些特别的禁忌的日子，如避开基督教徒的13号、星期五等。

4.发出邀请

正式宴请都应该发送书面邀请：请柬或请帖。请柬应提前一至二周发出，以便被邀请人及早安排时间。需要安排座次的宴请必须在请柬上注明要求被邀请人答复能否出席，正式宴会在请柬上要注明席次号。为了表达主人的真诚，也为了减少活动的失误，在宴请的前夕，还应打电话进行确认；询问请柬是否收到，对方能否出席等等。如果对方能出席，应向对方表示感谢；即使对方不能前来，也应表示理解。

非正式的宴请通常只需口头打招呼，在得到对方明确首肯后进行。

5.预定菜单

菜单预定时要考虑客人的口味，如地域差异、个人喜好与禁忌等因素，还要讲究食物的审美取向，如荤素搭配、菜式颜色搭配等等；既要满足客人尝鲜的心理，又要介绍本地新颖特色菜等；要根据宴请规格，提供量力而行的最佳组合，特别是中餐宴请不讲究排场，不提倡浪费，采取N+1原则（如10人点11个菜）。

6.安排席位

正式的宴会，都应事先为每个赴宴者安排好桌次和位次，并且事先通知到每个人，以便心中有数。有的宴会只安排部分主要宾客的席位，其他人只排桌次或自由就座。

（三）邀宴礼仪

1.迎宾

为了表示对客人的尊重，主人应提前20分钟左右到达宴请地点，并且站在门口迎接宾客的到来。必要时还可安排几个主要人员陪同迎接，一般是按照身份的高低排列成迎宾线，身份最高的站最前面。如果是私人宴请，则男女主人一起在门口迎接等候。

如果是正式宴会，当宾主握手寒暄后，可交由工作人员陪同至休息厅休息。在休息室，应安排身份相应的工作人员接待客人。如果休息室较小，或宴会规模太大，也可请主桌以外的客人先入座，贵宾席最后入座。如果没有休息厅，则可直接引入宴会厅，但暂不入座，等待主宾。

主宾到达后，主人从迎宾线上撤下来，陪同主宾一同进入休息室与其他客人见面，而迎宾线上的其他迎宾人员应继续留在迎宾线上迎接其他未到的宾客。

客人到齐后，主人和礼宾人员就可以请众客人入席就餐，宴会即可开始。

2.致辞

正式宴会一般都有致辞，但时间不尽相同，我国习惯是在开宴之前主人致辞。致辞时，全场人员要停止一切活动，聆听讲话。

3.祝酒

致辞结束，主人应祝酒。所有人员都要响应主人的祝酒，在同桌之间互相碰杯。

4.交谈

宴请并不是目的，借此相互认识、了解、交流、增进友情、加强协作才是目的。因此，席间不能一味地埋头吃。主人应就彼此都感兴趣的话题展开，亲切交谈。可选择一些大众性、趣味性、愉悦性的话题，"多叙友情，少谈工作"，切不可把餐桌变成谈判桌，以免陷入僵局，使双方不快。

5.敬酒

在宴请过程中，主人一般要依次向所有宾客敬酒，或按桌敬酒。敬酒时，上身要挺直，双腿站稳，双手举起酒杯，并向对方微微点头示礼，等对方饮酒时再跟着饮。敬酒的态度要稳重、热情、大方。需要一一敬酒时，主人应按礼宾顺序先向主宾敬酒，再依次向其他宾客敬酒。在让酒、劝酒当中，主人要尊重宾客的意愿，以免破坏宴会的友好气氛。

6.适时结束、送客

一般宴会应掌握在90分钟左右，最多以不超过2小时为宜。过早结束，会使客人感到不尽兴，甚至对主人的诚意表示怀疑；时间过长，则宾主双方都感到疲劳，反而冲淡宴会的气氛。一般服务人员端上水果吃完后，宴会即可结束。

主宾告辞时，主人送至门口，原迎宾线上的工作人员又排成一排，与客人一一相别。

（四）赴宴礼仪

1.应邀

接到宴会邀请，能否出席应尽早答复对方，以便主人做出安排。接受邀请后不要随意改变，万一遇到特殊情况不能出席时，尤其作为主宾，应尽早向主人郑重解释、道歉，甚至亲自登门致歉。

2.抵达

出席宴请活动，正点或晚于规定时间10分钟左右抵达比较合适。身份高者可略晚些到达，一般客人宜早些到达。

3.入座

入座应听从主人安排，不可随意乱坐。例如邻座是年长者或女士，应主动协助他们先坐下。从左侧入座，坐姿要端正、自然；不要紧靠在椅背上，更不能把椅子往前倾或往后翘；不可玩弄桌上的酒杯、盘碗、刀叉、筷子等餐具。入座后，可与邻座的人随意交谈，等待用餐。

4.进餐

就餐时应有愉快的表情，心事重重的神态、漫不经心的样子，是对主人和其他宾客的不礼貌。即使菜不对口味，也应吃上一些。

席间不要吸烟，除非男主人吸烟或向客人递了烟。喝酒要有节制，不要失态。

席间不可随便宽衣，当众解开纽扣、脱下衣服是不礼貌的。如果咳嗽、吐痰、有刺卡住或者需要将口中食物吐出来等，都应暂时离席，否则是不礼貌的。

万一不小心摔坏了杯子等，千万不要惊慌，更不能乱喊乱叫，而是迅速请服务员过来打扫干净。

5.告辞

参加宴请活动，告辞不宜过早也不宜过迟。如果是主宾，应当先于其他宾客向主人告辞，但也不能太早，否则是对主人的不礼貌。如果是一般客人，则应在宴会结束主宾告辞后，及时向主人告辞，不可因贪杯而拖延不散，也不可因余兴未尽而迟迟不起。一般不要中途退席，若确有急事，应向主人说明，表示歉意，并向其他宾客招呼后再离去，或向主人说明、致歉后轻轻离去，也可事前打招呼到时悄悄离去。告辞时，应礼貌地向主人握手道谢。

（五）中餐礼仪

1.桌次排列

中餐宴请桌次排列总的原则是：主桌排定之后，其余桌次的高低以离主桌远近而定。近者为高，远者为低；平行者以右桌为高，左桌为低，如图1-19（a）所示。具体来说：

（1）右为上：各桌横向排列时，面对宴会厅正门，右侧餐桌高于左桌餐桌，如图1-19（b）所示。

（2）远为上：各桌纵向排列时，以距离宴会厅正门的远近为准，距其越远，桌次越高，如图1-19（c）所示。

（3）中为上：各桌围绕在一起时，居于正中的餐桌应为主桌，如图1-19（d）所示。

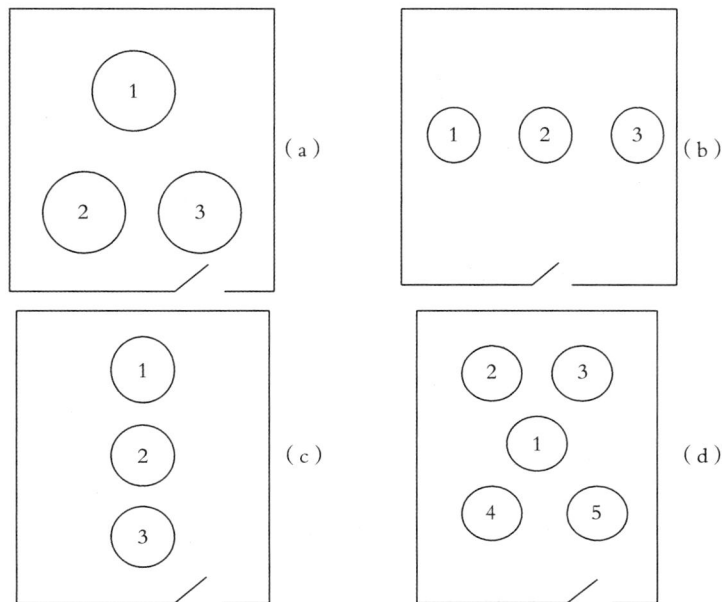

图1-19 中餐桌次排列

2.座次安排

宴请时，每张餐桌上的具体位次也有主次尊卑的分别，排列规则如下：

面门为主：在每一张餐桌上，以面对宴会厅正门的正中座位为主位，通常应请主人在此就座。若宴会厅无正门，则一般以面对主屏风的正中的那个座位为主位。

各桌同向：在举行大型宴会时，其他各桌的主陪之位，均应与主桌主位保持同一方向。

近上远下：各桌位次的尊卑，以距离该桌主人的远近而定，以近为上，以远为下。

右高左低：各桌距离该桌主人相同的位次，讲究以右为尊，如图1-20所示。

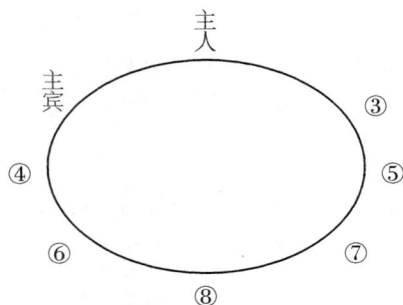

图1-20　座次安排之右高左低（1）

如果女主人也在场的话，作为第二主人应坐在第一主人对面的位置。然后，第二主宾（即主宾夫人）坐在其右手，如图1-21所示。如果主宾身份高于主人，为表示尊重，也可以安排在主人位子上坐，而请主人坐在主宾的位子上。

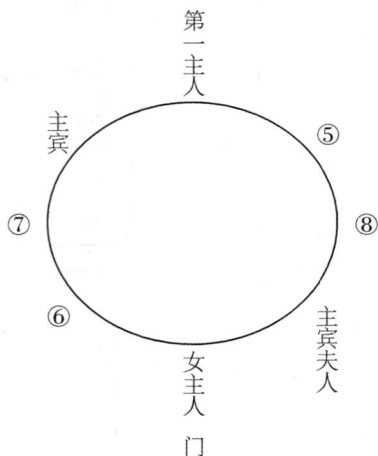

图1-21　座次安排之右高左低（2）

3.上菜顺序

标准的中餐，不论是何种风味，上菜的顺序大体相同：冷菜—热菜—主菜—点心和汤—果盘。当冷盘已经吃了2/3时，开始上第一道热菜。热菜的量根据每桌人数机动变化，一般为10人一桌，要安排10个菜。各桌同时上菜。

4.餐具使用

中餐餐具分为主餐具与辅餐具两类。主餐具是指进餐时主要使用的、必不可少的餐具，主要有筷、匙、碗、盘等。辅餐具在用餐时起辅助作用，主要有水杯、湿巾、水盂、牙签等。

（1）筷子。

筷子的一般使用方法为用右手执筷（个别人习惯用左手），大拇指和食指捏住筷子的上端，另外三个手指自然弯曲扶住筷子，并且筷子的两端一定要对齐。用餐前筷子整齐码放在饭碗的右侧，用餐后竖向码放在饭碗的正中。

筷子使用要注意五"不"：

一是不"品尝"筷子；

二是不"跨放"筷子；

三是不"插放"筷子；

四是不"舞动"筷子；

五是不"滥用"筷子。

（2）汤匙。

汤匙的主要功能是舀取菜肴、食物，尤其是流质的羹、汤。

使用汤匙时要注意：

一是不能右手执筷同时又执汤匙；

二是用勺子取用食物后，要立即食用，不能把食物再次倒回原处；

三是若取用的食物过烫，不能将汤匙晃动，也不能用嘴吹；

四是不能把汤匙塞口中，或反复吮吸它。

（3）碗。

进餐用碗时要注意：

一是不要端起碗进食；

二是碗里食物不可往嘴里倒；

三是暂不用的碗不可放杂物；

四是不能把碗倒扣过来放在餐桌之上。

（4）盘、碟。

在中餐桌上，盘、碟有两种，一种为盛菜所月，还有一种是个人吐"骨头"之用。前者的使用礼仪与碗大致相同，一般应保持原位不动，不被挪动，而且不宜多个叠放在一起。后者要注意不能盛放太多"骨头"，如"骨头"太多，应随时请服务员换掉。

（5）水杯。

水杯主要用于盛白水、饮料、果汁。

水杯使用时要注意：

一是不能用来盛酒；

二是不能倒扣；

三是喝入口中的东西不能再吐回去。

（6）湿毛巾。

餐前所上湿毛巾，应用于擦手，不要用来擦脸、嘴、汗。餐后所上湿毛巾，应用于擦嘴，不要擦脸、汗。

（7）餐巾。

餐巾又称口布，主要用途是防止食物沾污衣服，也可用来擦手上或嘴上的油渍。在正式宴会上，客人需待主人先拿起餐巾时，自己方可拿起餐巾。反客为主的做法是失礼的。

打开餐巾后，应摊放在自己的腿上，以接住可能滴落的食物。

如果有事临时离座，应将餐巾折好放在餐桌上，不要随意揉成一团或顺手往椅背上一搭。用餐后，可用餐巾揩拭嘴角或手，但千万不要把餐巾当作抹布，在餐桌上乱擦。

（8）牙签。

需要使用牙签时，应用一只手掩住嘴。尽量不要当众剔牙。不要长时间用嘴叼着牙签。

（六）西餐礼仪

1.座次安排

女士优先：西餐一般都使用长桌，男女主人分坐于长桌的两端，或在长桌横面的中央面对面坐。通常，女士的座位席次要比男士的高，整个宴席都是以女主人为第一主人。

以右为尊：男女主人右边的席次高于左边的席次。

间隔排列：在可能的情况下，男士和女士应间隔排列，如图1-22、图1-23所示。

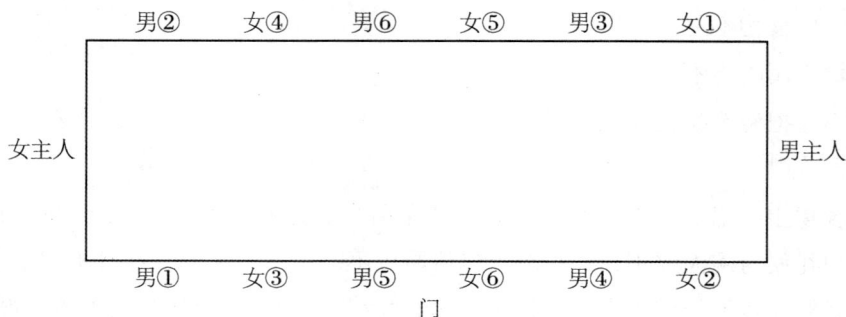

图1-22　间隔排列（1）

女③　男①　　女主人　　男②　　女④

男④　　女②　　男主人　　女①　　男③

门

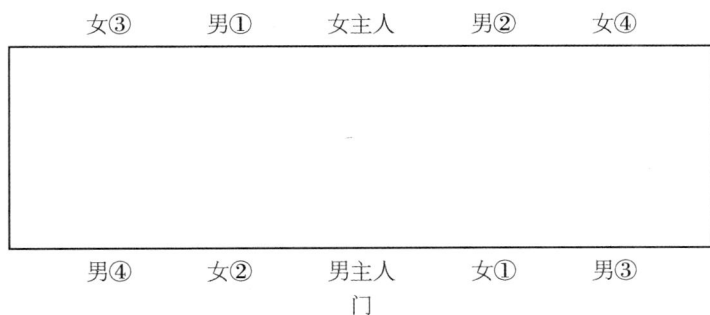

图1-23　间隔排列（2）

2.上菜顺序

（1）开胃菜。

西餐的第一道菜为开胃菜。常见的开胃菜有鱼子酱、鹅肝酱、熏鲑鱼、奶油鸡酥盒、焗蜗牛等。因为要开胃，所以一般都有特色风味，味道以咸和酸为主，数量少，质量高。

（2）汤。

与中餐不同的是，西餐的第二道菜就是汤。西餐的汤大致可分为清汤、奶油汤、蔬菜汤和冷汤等四类。品种有牛尾清汤、各式奶油汤、海鲜汤、意式蔬菜汤、俄式罗宋汤等。

（3）副菜。

鱼类菜肴，一般作为西餐的第三道菜。品种包括各种鱼类、贝类及软体动物类。因为鱼类等菜肴的肉质鲜嫩，比较容易消化，所以放在肉类菜肴的前面。

（4）主菜。

肉、禽类菜肴，是西餐的第四道菜。肉类菜肴的原料取自牛、羊、猪等各个部位的肉，其中最有代表性的是牛肉或牛排。禽类菜肴的原料取自鸡、鸭、鹅，通常将兔肉和鹿肉等野味也归入禽类菜肴，其中品种最多的是鸡。

（5）沙拉。

蔬菜类菜肴，可以安排在肉类菜肴之后，也可以和肉类菜肴同时上桌，所以可以算为一道菜，或称为一种配菜。

（6）甜品。

在主菜后食用，甜品可以算作是第六道菜，可以是布丁、煎饼、冰淇淋、奶酪、水果等。

（7）咖啡、茶。

西餐的最后一道是饮料，可以是咖啡或茶。咖啡一般要加糖和淡奶油。茶一般要加香桃片和糖。

65

3.餐具使用

西餐餐具主要是餐巾、刀、叉、匙、盘、杯、碟等。

（1）餐巾。

餐巾的使用要求与中餐基本相同，参见上文中餐餐巾使用要求。

（2）酒杯。

西餐每种酒所使用的酒杯形状有所不同，服务员会根据客人所点酒的品种来摆放相应的酒杯。酒杯一般摆在右边，服务员上酒时会从你的右边给你斟酒。服务员斟酒时不要端起杯子来接，杯子放在桌上斟酒更安全。如果你不喝酒，侍者过来时可以将手指轻轻放在杯子上方，同时说"我不要了"，不要用手掌等盖在杯子上，也不要把杯子倒过来。

喝红葡萄酒或白兰地时，要握住高脚酒杯的上部（杯身），因为手的温度会使酒散发出香味，但也可以握住高脚酒杯的腰部（杯柄）。喝白葡萄酒或香槟时一定要握高脚酒杯的腰部（杯柄），这样可以保持酒的凉爽，口感不会太酸涩。

喝酒时要等主人先举杯，然后大家跟着右手举杯至齐眉的高度，说祝福的话，这时不必和他人碰杯。干杯时，即使不能喝酒的人也要喝一点点。但不要一口气喝完一杯酒。

（3）刀和叉。

宴席上正确的拿刀姿势是：右手握住刀柄，拇指按着柄侧，食指则压在柄背上。不要伸直小指（兰花指）拿刀，很多女性以为这种姿势才优雅，其实这是错误的。

如果用餐时，有三种不同规格的刀同时出现：带小锯齿的那一把用来切肉制食品；中等大小的用来将大片的蔬菜切成小片；而那种小巧的、刀尖是圆头的、顶部有些上翘的小刀，则是用来切开小面包，然后用它挑些果酱、奶油涂在面包上面。

刀是用来切割食物的，不要用刀挑起食物往嘴里送，而应用叉。

左手拿叉。叉子的拿法有背侧朝上及内侧朝上两种，要视情况而定。背侧朝上的拿法和刀子一样，以食指压住柄背，其余四指握柄。内侧朝上时，则如铅笔拿法，以拇指、食指按柄上，其余三指支撑柄下方；拇指和食指要按在柄的中央位置，如果太向前，会显得笨手笨脚。

使用叉时，一般叉齿朝下，叉起食物往嘴里送。如果吃面条类软质食品或豌豆，叉齿可朝上。动作要轻，捡起适量食物一次性放入口中，不要拖拖拉拉一大块，咬一口再放下，这样很不雅。叉子捡起食物入嘴时，牙齿只碰到食物，不要咬叉，也不要让刀叉在齿上或盘中发出声响。吃体积较大的蔬菜时，可用刀叉来折叠、分切。较软的食物可放在叉子平面上，用刀子整理一下。

（4）勺子。

西餐的勺子有多种，小的用于搅匀咖啡和取食甜点心；扁平的用于涂黄油和分食蛋糕；比较大的用来喝汤或盛碎小食物；最大的公用于分食汤，常见于自助餐。

4.喝咖啡礼仪

在餐后饮用的咖啡，一般都是用袖珍型的杯子盛出。这种杯子的杯耳较小，手指无法穿出去，但即使用较大的杯子，也不要用手指穿过杯耳再端杯子。咖啡杯的正确拿法，应是拇指和食指捏住杯把儿再将杯子端起。

咖啡匙是专门用来搅咖啡的，饮用咖啡时应当把它取出来，放在杯碟上。不能用咖啡匙舀着咖啡一匙一匙地慢慢喝，也不能用咖啡匙来捣碎杯中的方糖。

刚刚煮好的咖啡太热，可以用咖啡匙在杯中轻轻搅拌使之冷却，或者等待其自然冷却，然后再饮用，忌用嘴将咖啡吹凉。

盛放咖啡的杯碟都是特制的，应当放在饮用者的正面或者右侧，杯耳在右手。饮咖啡时，可以用右手拿着咖啡的杯耳，左手轻轻托着咖啡碟，慢慢地移向嘴边轻啜。不宜满把握杯、大口吞咽。喝咖啡时，不要发出声响。

有时饮咖啡可以吃一些点心，但不要一手端着咖啡杯，一手拿着点心，吃一口喝一口地交替进行。

三、课堂训练

（一）训练情景、任务与步骤（见表1-17）

表1-17　　　　　　　　　　商务宴请礼仪训练情景、任务与步骤

训练情景	威孚公司总经理卞强带着营销部经理王大鹏、公关部经理杨芳、秘书朱琳按照事前约好的时间来到东方公司洽谈合作事宜，洽谈非常顺利。会后东方公司总经理张翔决定宴请威孚公司的客人，他要求秘书李娟安排好宴请事宜，并且要求营销部经理戴元作陪
训练任务	请按照上述场景完成宴请的准备工作，并由小组演示宴请的场面。演示主要完成迎客、座次的安排、祝酒、送客等任务。要求演示过程要连贯，符合礼仪规范

训练步骤	训练内容	补充说明
步骤一	以小组为单位，研读训练情景，明确训练目的，清晰训练任务	六人为一小组，分别扮演威孚公司与东方公司成员
步骤二	小组长按照要求情景分配角色，小组成员熟悉角色	
步骤三	小组内模拟演练	
步骤四	教师指定一演示单位做全班演示，班级其他小组观看并对演示的优缺点作记录	两个小组为一个演示单位，由教师指定分别演威孚公司与东方公司
步骤五	观看小组对演示的优缺点作评价	
步骤六	教师总结	

（二）训练评价记录表（见表1-18）

表1-18　　　　　　　　　　商务宴请礼仪训练评价记录

被评价人姓名			组别		情景角色	
评价项目		分值	小组评分（50%）	教师评分（50%）	总得分	
1.职场形象礼仪塑造	妆容、发型	5分				
	着装、整体搭配	5分				
2.职场仪态礼仪	站姿、坐姿	5分				
	行姿	5分				
3.见面基本礼仪	介绍	5分				
	握手	5分				
	名片	5分				
4.宴请礼仪	酒店、菜单选择	10分				
	迎客	5分				
	座次安排	10分				
	斟酒、祝酒	10分				
	宴请结束、送客	5分				
5.语言表达	席间交谈	5分				
	点评	10分				
6.小组合作	交流讨论的积极性	5分				
	交流讨论的和谐性	5分				
总　计		100分				
评价人						

备注：此考评记录表满分为100分，60～70分为合格，71～89分为良好，90分及以上为优秀。

四、自测训练

1.陈敏在一家著名跨国公司做总经理秘书工作。一天中午她要随总经理和市场总监参加一个工作午餐会，对方是一家法国公司的总裁与秘书。这不是一个很正式的会议，主要是利用午餐时间彼此就下一年的产品推广情况做前期沟通。晚上公司要正式宴请国内最大的客户张总裁等一行人，答谢他们一年来给予的支持。陈敏已经提前安排好了酒店和菜单，庆幸的是午餐是自助餐形式。自助餐中有陈敏平时最喜爱的大虾和蟹，请问陈敏要不要选食自己爱吃的大虾与螃蟹？为什么？

2.徐华磊同学第一次到西餐厅吃午餐。侍者将主菜送上来后，他左手持叉，右手持刀很优雅地享用起来。突然，他的手机响了，徐华磊放下刀叉，将刀口向内、叉齿向上，刀右叉左地并排纵放在餐盘里。把餐巾放在餐桌上，起身来到一僻静处接起电话来。通话结束后，徐华磊回到餐桌旁，令他尴尬的是桌上的酒杯、牛排、刀叉、餐巾全都被侍者收走了。请问原因何在？

3.江东是公司新聘任的业务部经理，他上任的第一件事是宴请公司的几位重要客户。他们分别是新华公司营销部经理华雄先生、财务部经理林江先生；灵通公司业务部经理赵云女士；梁溪公司采购部经理方明先生。请问江东应该怎么安排这次宴请？

4.以小组为单位，每一小组将同学们在食堂用餐的情景选取有价值的片段录制下来，与正确的餐饮礼仪作对比分析。

任务二　　　　　商务会议礼仪

一、案例分析与教学目标（见表1-19）

表1-19　　　　　　　　　　　**商务会议礼仪案例分析与教学目标**

案　例	小宋是A公司总经理秘书，刚到公司上班一周。星期一早上总经理告知小宋：B公司采购部经理带领手下员工6人将于周三上午9点半来公司交流探讨市场情况，要求小宋通知销售部全体销售人员于周三上午9点在公司会议室参加会议。小宋赶忙跑到销售部通知，结果销售部没有人。小宋想等一会人都来了再通知。周二下午总经理问小宋会议通知情况，小宋才想起，赶紧在公司通知栏中写下通知："兹通知销售部全体人员于明天上午9点在公司会议室召开销售员会议，务必参加。"周三上午8点半，有两个销售员来到会议室，见会议室空荡荡，既无人也无任何布置。等了10分钟还是无人，他们以为会议不开了，就走了。9点来了3位销售员，没带任何资料，此时总经理已到，而小宋正在摆放座位卡。总经理很生气，因为销售人员一共有10人。他要求小宋在B公司人员没到之前迅速安排好接待工作，通知参会人员立刻到会。最后到会的只有5人，会议开得有点冷清，会后总经理严厉地批评了小宋。事后经询问，没来的5人都说没看到通知		
案例分析	此次会议没能按照预期效果顺利召开的原因在哪里？ 　显然秘书小宋在会议通知以及会场布置等环节出了问题：首先小宋没有很好地了解公司情况，特别是销售部员工上班情况，致使第一次通知没能发出；其次当总经理询问小宋通知开会情况时，小宋还是有弥补机会的，但小宋只是在公司通知栏中写通知，并且所写通知没有落款，没有时间，容易使人产生误解；再者，销售部员工上班时间有可能会外出谈业务，也就看不到通知，故此时应该电话一一通知到才行，小宋完全没有考虑到这点。另外会场布置应该在会议召开前1小时到位，而小宋竟然在会议召开前半小时才布置会场，严重滞后		
教学目标	知识目标	1.了解商务会议的类型； 2.熟悉商务会议的形式、流程； 3.掌握商务会议的礼仪要求	
	能力目标	能够按照商务会议的礼仪规范组织会议，并且会场服务符合礼仪规范	

二、知识储备

在商务活动中，商务会议是常见的一种形式，是商务活动的有机组成部分之一。一次有效的商务会议，往往能够推进商务活动，而规范的会议礼仪又能促进会议的有效性。

（一）商务会议类型

根据不同的分类标准，商务会议的类型有多种划分。根据会议参加者身份，商务会议可以分为公司对内会议与公司对外会议两种类型。

1.公司对内会议

基本为公司内部行政性会议，它是公司内部所召开的工作性、执行性的会议，如每周例会、中层干部会议、董事会、年会等。

2.公司对外会议

它是公司与外界接触、联络、协调、探讨等行为的会议，如洽谈会、展览会、茶话会、联谊会、新闻发布会等。

（二）商务会议筹备礼仪

1.会议通知制作

根据会议主题拟写会议通知，并及时发送通知。会议通知必须写明会议主题、时间、地点、参会者以及参会者所要准备的资料等内容。大型会议，通知至少应在会议召开前一个月发送；小型会议，通知至少应提前一周发送。

2.会场选择

会场要根据会议的规模、规格和内容等要求来选择，尤其是大型会议，会议地点的选择要慎重，要考虑交通、设施、环境、场地大小、费用等因素。

3.会场布置

（1）会场座席布局。

会场座席布局主要是指会场桌椅的摆放格局，应根据会议主题、规模选择摆放合适的格局。

会议正规，规模较大，比较适合采用"而"字形布局，如图1-24所示。

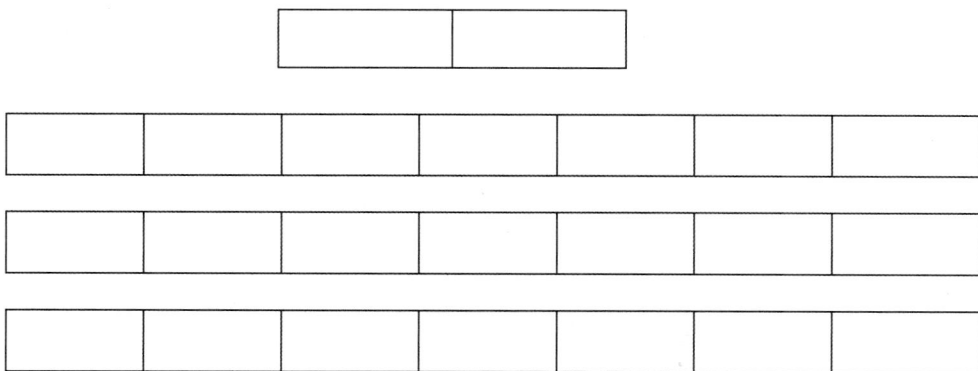

图1-24　"而"字形会场座席布局

小型会议，如办公会议、座谈会、洽谈会等，可以采用椭圆形、圆形、"回"字形、"T"字形、长方形以及马蹄形等布局，分别如图1-25、图1-26、图1-27、图1-28、图1-29、图1-30所示。

图1-25　椭圆形会场座席布局

图1-26　圆形会场座席布局

图1-27　"回"字形会场座席布局

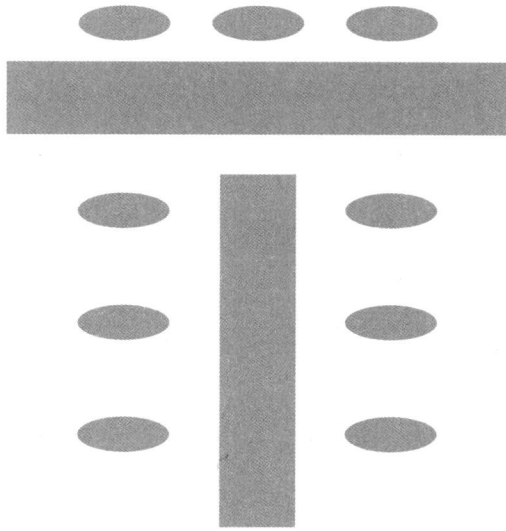

图 1-28　"T"字形会场座席布局

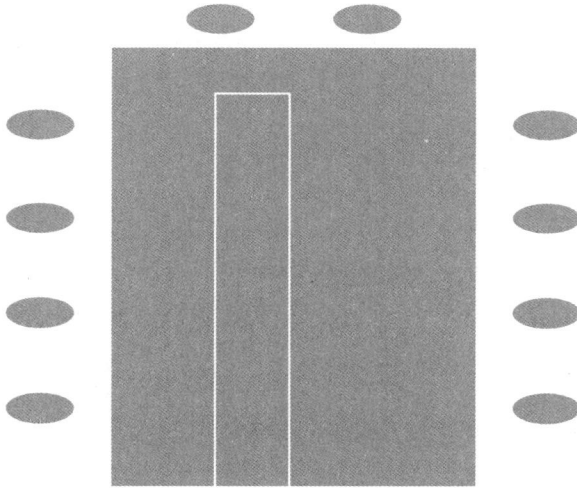

图 1-29　长方形会场座席布局

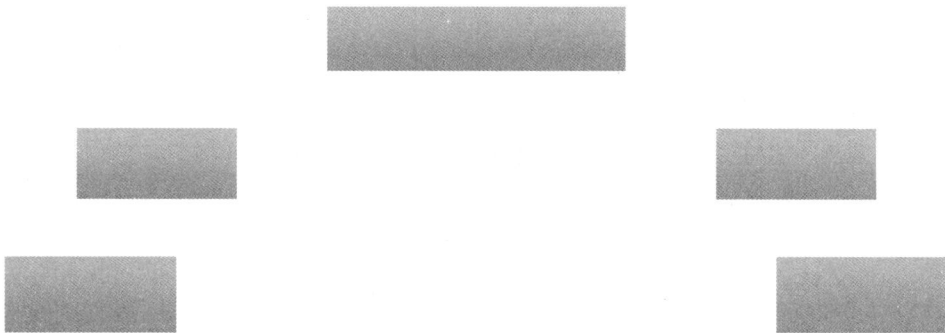

图 1-30　马蹄形会场座席布局

（2）会场环境布置。

会场环境布置包括会议场所内部环境与会场外部环境，如会议标题、宣传标语、旗帜、花卉、盆景等布置。会场环境布置对大型会议要求比较高。小型会议，特别是公司内部的小型会议，会议室要求整洁、明亮，设施方便与会者阅读文件、做记录、讨论发言即可。

会议标题。会议标题应为：会议组织者全称+会议内容+会议。如果是公司内部会议，并且会议内容较长，可以省略会议组织者全称。会议标题一般采用常规字体，根据会场大小选择合适的字号，一般用红底白字书写，制成横幅挂在主席台正上方或主持方座位对面。

宣传标语与旗帜。一般大型会议可以运用宣传标语与旗帜来渲染会议气氛。标语通常布置在会场外，也可以在会场内，但会场内布置的标语要少而精。标语内容要体现会议精神，文字要简单、上口，具有宣传力与号召力。旗帜可以用红旗或彩旗，插在会场入口处或与会者入场的路旁。

花卉、盆景。花卉、盆景在会场中起点缀与美化作用，同时适当的花卉、盆景布置还能给参会者带来审美享受。

会场花卉、盆景的布置要注意以下几点：

要精美，不要泛滥；

要与会议主题匹配，商务会议忌用菊花；

高度要以不遮挡参会者视线为原则等。

（3）会场用具准备。

会议召开之前应对会议所用物品进行检查，如检查电脑、投影仪、音响设备、激光笔等视听器材是否能正常使用；会议室灯光效果是否明亮、柔和；会议室空调是否正常运转；签到簿、会议资料、文具、座签、桌椅、茶具等物品是否到位等。

（三）商务会议召开礼仪

1.会议座次安排

（1）小型会议。

小型会议一般参加者较少、规模不大。它的主要特征是全体与会者均应排座，不设立专用的主席台。小型会议的排座目前主要有以下三种具体形式：

第一种是自由择座：不排固定座次，而由全体与会者完全自由地选择座位就座；

第二种是面门设座：一般以面对会议室正门之位为会议主席之座，其他的与会者可在其两侧自左而右地依次就座；

第三种是依景设座：会议主席的具体位置不必面对会议室正门，而是背依会议室内部主要景致所在，譬如字画、讲台等，其他与会者的排座，与前者略同。

另外商务洽谈会议因其参加会议人数不多，规模不大，也应属于小型会议，但其座次安排略有不同。

若谈判桌竖放，则应以进门方向为准，右侧为上，属客方；左侧为下，属主方。若谈判桌横放，则正面对门为上座，应属于客方；背面对门为下座，属于主方。双方主谈人各在己方一边的中间就座，若有翻译人员，则安排在主谈人右侧，其余人员则遵循右高左低的原则，依照职位高低自近而远地分别在主谈人两侧就座，如图1-31所示。

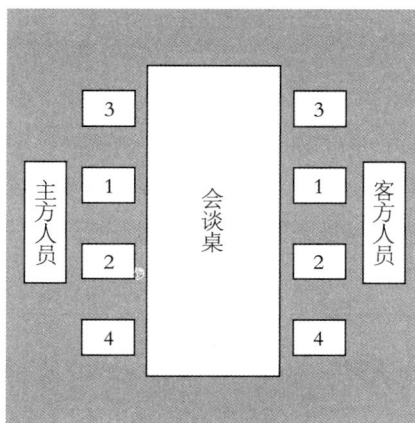

竖式

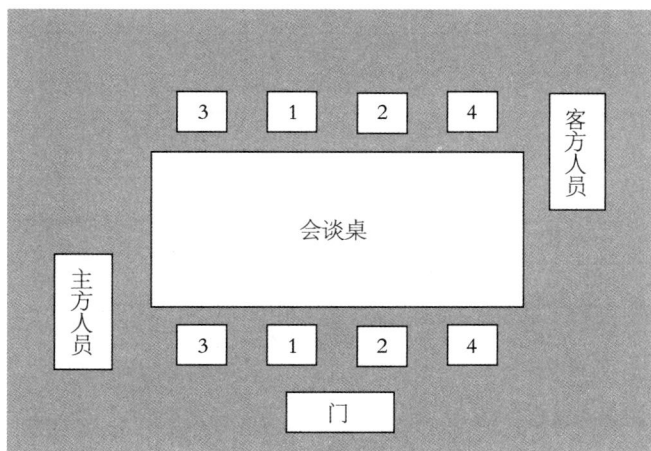

横式

图1-31　小型会议座次安排

（2）大型会议。

大型会议是指参会人员多，会议规模大的会议，此类会议会场一般由主席台与群众席组成。

主席台应由主席团排座、主持人坐座、发言席三个区域组成。主席台就座之人与群众席上就座之人呈现面对面之势，每一位主席台成员前面都应该摆放双向的座签。

①主席团排座。

主席团是指在主席台上正式就座的全体人员。目前国内排定主席团位次遵循以下基本规则：前排高于后排；中央高于两侧；右侧高于左侧。

具体操作根据人数不同略有不同。若主席团人数为奇数，则1号领导居中，2号领导在1号领导左手位置，3号领导在1号领导右手位置，依次排放，如图1-32所示。

主席团

5	3	1	2	4

群众席

图1-32　大型会议主席团座次安排（1）

若主席团人数为偶数，则1、2号领导同时居中，2号领导在1号领导左手位置，3号领导在1号领导右手位置，依次排放，如图1-33所示。

主席团

5	3	1	2	4	6

群众席

图1-33　大型会议主席团座次安排（2）

②主持人座席。

主持人又称大会主席，他的位置可以居于前排正中央，也可以居于前排的两侧；或者按其具体身份排座，但应就座于前排。

③发言席。

正式的大型会议，发言者应到发言席发言。发言席的位置可以在主席团的正前方，如图1-34所示，也可以在主席台的右前方，如图1-35所示。

主席团

发言席

群众席

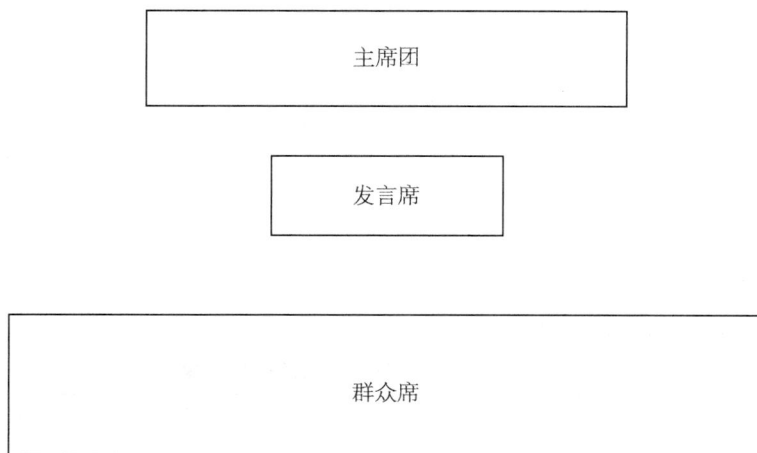

图 1-34 大型会议发言席安排（1）

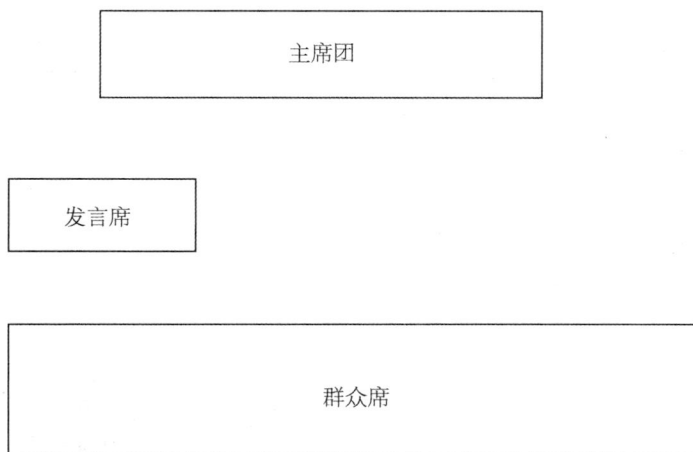

主席团

发言席

群众席

图 1-35 大型会议发言席安排（2）

2.会中服务

首先，要安排专职会议记录员对会议情况进行记录，并且安排专人摄影或录像、录音，以便会后留底。其次，参会人员入座后会议正式开始，非参会人员应全部离开会议室；在会议进行中，参会人员应关闭所有的通信工具或将通信工具调到静音；会议期间人员不随便进出会场。再者，会议进行中，服务人员为他人续茶水时，要小心端起茶杯或茶杯柄，手指不可伸入杯口，从右侧递茶时用右手拿茶杯（左侧时相反）。万一茶水溅出来时，应不慌不忙地擦拭。在会议进行中为参会人员倒茶，应本着先客后主的原则。

3.会后礼仪

会议结束时，会议组织者首先应安排参会者有序地退离会场。如果是非本单位人员出席的会议，会议主办方应将客方人员送至电梯口或送到大楼门口上车，握手告别，目送客人汽车开动后再离开。如果安排了与会议内容密切相关的参观考察活动，则应在参观点安排专门的接待人员，并悬挂欢迎性的标语横幅。

其次会议组织方应整理好会议中的文字记录和图片、视频、音频记录等进行备案，并完成会议总结材料报领导审批，将审批通过的材料分发至各参会人员遵照执行。会议结束后还应考虑在网上发布会议相关新闻。

三、课堂训练

（一）训练任务及步骤（见表1-20）

表1-20　　　　　　　　　　商务会议礼仪训练情景、任务与步骤

训练情景	龙华职业技术学院将要开设新专业，为了解新专业的市场需求，准备召开一个研讨会。 研讨会有负责教学工作的戴院长以及金融专业、营销专业两位负责人参加，并且邀请A公司总经理（女）、B公司董事长、C公司研发部经理、D公司总经理、E公司总经理到会
训练任务	请以小组为单位，模拟演示这次会议程序。 具体完成以下任务： 1.会议的筹备方案； 2.会议通知的制作； 3.通知与会人员参会； 4.会议场所的布置； 5.会议议程； 6.主持人语言

训练步骤	训练内容	补充说明
步骤一	以小组为单位，研读训练情景，明确训练目的，清晰训练任务	8个人为一个训练小组，推荐一人为小组组长
步骤二	小组商议： 撰写筹备方案； 制作会议通知； 根据情景分配角色	
步骤三	通知与会人员参会	
步骤四	布置会场	
步骤五	演示会议过程	教师指定小组演示，两个小组为一个组合。一小组扮演参会学校人员，另一小组扮演参会的外来人员
步骤六	学生结合商务会议礼仪要求对演示过程作点评	
步骤七	教师总结	

（二）训练评价记录表（见表1-21）

表1-21   商务会议礼仪训练评价记录

被评价人姓名			组别		情景角色	
评价项目			分值	小组评分（50%）	教师评分（50%）	总得分
1.职场形象礼仪塑造	妆容、发型着装、整体搭配		5分			
2.职场仪态礼仪	站姿、坐姿、行姿		5分			
3.见面基本礼仪	介绍、握手		5分			
	引导、名片		5分			
4.会议礼仪	会议通知制作		10分			
	会议通知方式		10分			
	会议室布置		10分			
	会议座位安排		10分			
	会议议程		10分			
5.会议筹备方案			10分			
6.语言表达	会议主持人语言		5分			
	会议演示过程点评		10分			
7.小组合作和谐			5分			
总　计			100分			
评价人						

备注：此考评记录表满分为100分，60～70分为合格，71～89分为良好，90分及以上为优秀。

四、自测训练

1.在全班模拟组织一次就业推荐会，向社会推荐本班同学。同学分别扮演企业方代表、记者、会议主持人、会议服务人员等。

2.A公司对B公司的电子产品很感兴趣，希望与B公司合作。经过沟通，B公司也有合作意向，两公司商定于2015年6月3日由A公司总经理张文先生带领其手下营销部经理孙明先生、研发部主管刘春女士到B公司商洽合作之事。B公司总经理周哲先生令秘书小章安排会谈事宜，并要求小章通知营销部经理杨新女士与生产部经理沈林先生到会，会议时间定在2015年6月3日上午9点。

请问：小章应该选择怎样的会议场所？怎样安放座签？如何通知与会人员？

3.小江是A公司的新人，被安排在公司研发部，平时工作表现积极，很得经理赏识。小江接到经理通知，第二天上午9点带上部门研发计划一起参加公司会议。第二天小江一上班就碰到一件棘手的事情要处理，等他处理完事情才想起还有会议要参加，急忙跑到会议室，推门进去会议已经开始，参会人员不足20人，赶紧找地方坐下来。刚坐下来，手机却响了，只得到会议室外接电话。接完电话进会议室，正好是他的部门经理在讲话，经理见小江进来，立刻让小江把部门研发计划发给与会人员，结果小江忘带了。会议结束后，经理把小江叫到办公室，直接问："你不想在这里做了吗？"

请问小江这次参加会议，出了哪些问题？

模块二

沟通基本技巧

项目一

> ## 拥有阳光心态

　　心态决定了人们对事物的看法，对事物的看法决定了人们选择做事的方式，做事的方式又决定着做事的成败。因此，职场的竞争实际上就是一种职场人员的职业心态和人生态度的竞争。要达到有效、融洽沟通的目的，前提是拥有良好的心态，即拥有阳光心态。

一、案例分析与教学目标（见表2-1）

表2-1　　　　　　　拥有阳光心态案例分析与教学目标

案例一	三个朋友一起去逛公园，公园的路边长了一株玫瑰花。 第一个人大摇大摆地走了过去，没有看到这株玫瑰花；第二个人看到了这株玫瑰花，但是他摇了摇头，他觉得花中有刺；第三个人看到了这株玫瑰花，眼睛一亮，很高兴地说："多么美丽的一朵玫瑰花！"
案例分析	这三个人代表了三种不同的心态，第一个人忙忙碌碌，生活中的美好对他来说没有任何的意义；第二个人只发现了玫瑰花的刺，而没有发现玫瑰花的美好，这是个具有消极心态的人；第三个人看到了一朵美丽的花朵，他就是具有阳光心态、积极心态的人，他看到了世界的美好，发现了事物美好的方面。 所以，不同的人对待同一个事物，看法可能会不同，反映出来的心态也会不同
案例二	王教授和马教授都是某大学教授，王教授教中文，马教授教音乐。"文化大革命"时期，两人同时被打成右派、臭老九，一同下放到一个偏远的农村参加劳动改造，每天的工作就是锄草。一年后，王教授含恨而死，王教授却整天唱着歌，看上去很快乐。 十年后，两位教授平反了，马教授回到了原来的大学，走上了讲台。人们都说马教授和以前一模一样，神采奕奕。有人问马教授十年是怎么熬过来的？马教授说：其实也没有什么，我就是锄草的时候按照4/4拍的节奏，唱着歌、锄着草，十年就这样过来了
案例分析	遭遇相同，因为心态的不同，带来人生态度的不同，人生的结局也就不同。所以在生活过程中，如果你能换一种心态去面对，可能就会是另外一种风景，另外一种境界
教学目标	知识目标：1.了解阳光心态的内涵；2.了解拥有阳光心态的意义；3.掌握打造阳光心态的方法 能力目标：1.拥有阳光心态，积极地走入职场；2.正确地面对困境与顺境，健康地生活

二、知识储备

（一）什么是阳光心态

阳光心态是一种健康的心态，它具体表现为对待事物的态度都是积极的、乐观的、满足的。拥有阳光心态的人能够以宽容之心待人，以乐观之心做事；自信而坚强，主动、自觉而向上。面对挫折不怨天尤人，而是寻找战胜挫折的突破点；面对成绩不骄傲自满，而是总结经验，为下一个目标做准备。

（二）为什么要打造阳光心态

心理学专家通过研究得知：每个人每天可能会产生50 000个想法。如果你具有积极、乐观的心态，就能使这50 000个想法转化成快乐和成功。反之，如果你用消极的心态去转化，可能就会把这些想法转化为痛苦和失败。

人的行为是内心思想的外在反应，一个人的内心不积极，对生活充满怨言，他所相对的行为必然是消极的，消极的行为是产生不了理想成果的，生活必定是暗淡的。在现实生活中，谁都希望自己拥有灿烂阳光的人生。这就需要有积极阳光的心态。

拥有阳光心态，能够让你正确面对自己，积极面对生活，与人和谐相处；能够发挥生命中的潜能，创造更辉煌的人生价值。

（三）怎样才能打造阳光心态

1.摆正态度

态度决定了做事的成败，积极的态度必定产生积极的行为，积极的行为是做事成功的关键要素。现状是客观存在的，你如果改变不了现状，那么就改变态度吧。

案例2-1　　美国前总统罗斯福家中被盗，财物被偷走很多。他的朋友知道后马上写信安慰他：总统先生，你不要太难过了，别因为这件事情影响你的心情和工作。

罗斯福是这样给他朋友回信的：谢谢你的安慰，我现在很高兴。理由有三条：第一，窃贼偷去的是我的部分财产而不是全部，所以我感到很高兴；第二，窃贼偷的是我的财物，并没有伤害到我的性命，所以我感到很高兴；第三，最让我高兴的是，做贼的是他，不是我。

家中财物被盗是一件客观存在的事实，已经无法改变。对很多人来说可能是件坏事，这是从一个角度看问题，是一种看到事件消极面的态度，只能给人带来郁闷、苦楚的心情。但是罗斯福总统却能够从积极面看事实，从而得到了三条对自己有利的要素，给自己带来轻松、快乐的心情。

2.审视自己

当你面对自己的时候，你看到了自己的什么？很多人面对自己的时候，看到的都是不全面的。要打造阳光心态，就必须用心反省自己、观察自己。发现长处的同时发现短处，在短处中找到自己的长处。

案例2-2　　老徐将近50岁了，在一家大型企业任总经理办公室主任多年。肖磊是老徐的手下，大学刚毕业，能熟练操作计算机，会英语。肖磊在老徐手下工作了一年，就被总经理提拔为办公室主任，接替了老徐的位子。老徐负责管理企业下属的一家宾馆。要好的同事见到老徐，替老徐抱屈："老徐啊！真为你抱不平，这么多年的苦劳总经理看不到！"老徐却说："我年纪大了，又不会英语，不会计算机，在办公室干是要耽误事的。以前在办公室的时候安排住宿、接待就是我的事，现在管理一家宾馆，对我来说驾轻就熟，而且现在有时晚上还要安排加班，还有加班工资。说明总经理了解我。"

全面审视自己，找到自己的优点和缺点，老徐从另外一个角度分析事情、看待事情，是一种积极、阳光的心态，他的工作会做得更好。

3.发现美好

世界之物存在是客观的，它的美好或者丑恶都是人的看法。如果你有一双善于发现美好的眼睛，那么你的周围都是美好的。总有美好的事物围绕你，你的心情也会是阳光的。反之，则是阴暗的。所以，要发现美好，并且给予由衷地赞美。

案例2-3　苏格拉底是一位大哲学家，聪明、智慧，擅长辩论。可苏格拉底却是出名的怕老婆。他的妻子长得在平常人看来很丑，还喜欢指责苏格拉底，甚至骂他。苏格拉底的朋友都劝他跟老婆离婚，苏格拉底却说："我不能离婚。我能够和像我老婆这样的人生活30多年，世界上还有什么样的人和我相处不了呢？再说我还可以从我老婆骂我的过程中学习到辩论的技巧。"所以，每一次苏格拉底的老婆把他骂得狗血喷头的时候，苏格拉底不但不生气，反而给老婆倒一杯水，夸他老婆说："老婆，你骂人的技巧又提高了。"

老子言："祸兮福之所倚，福兮祸之所伏。"苏格拉底从平常人认为的不好的事物中看到好的一面，并且给予赞美，带给自己健康、快乐的心情。现实中大部分人的生活是平凡的，人们应该多从身边发现美好的事物。

4.生活的关注点在现在

现在是进行时，是指你正在做的事，正处的地方，正和你一起工作、生活的人。"生活的关注点在现在"就是要把你每天生活的关注重点放在眼前的人、事、物上面，全身心地去体验、接纳眼前一切。不要一味地活在过去的回忆里，也不要活在未来的想象里。

案例2-4　小敏与夏琳是大学同学，一次午后，两人相约去海边玩。两人来到海边找了一个环境优雅的咖啡馆，一人要了一杯咖啡，面对大海坐了下来。两人聊起来天。小敏："想想去年的这个时候我和我的男朋友一起来的，可是现在他在另一座城市。"夏琳："怎么没和你一起？"小敏："为了生计啊！这里找不到合适的工作。现在找工作真难！生活真是不容易。要是我们俩在一起该多好！我真是烦透了！"

很显然，小敏在喝咖啡的时候，没有关注咖啡，也没有关注面前的大海美景，她关注的是过去，给她带来了不良的情绪。

案例2-5 小顾接到企业面试通知，现在走在去面试的路上。他一边走一边想：我面试成功，就可得到工作，这份工作一个月工资4 000元，我每个月存2 000元，一年下来就存了2.4万元。我过年的时候可以给自己买套精品西装，可以给父母买……，越想越高兴，不由激动，顺手往路边一棵树打了一拳，没想到手打骨折了。只得上医院，面试都没有去成。

顾同学是生活在了未来的想象中，忽略了走路，结果浪费了自己的时间，损伤了自己的身体。印度哲学家奥修曾说过一段话：我们的未来不是无端产生的，而是从现在产生的，只有抓住了现在才能抓住未来。

5.享受过程比关注结果更重要

人一生的终点是死亡，这谁都知道，而人不管长还是短的人生，中间都是一个过程。那么我们生活中是要关注结果？还是过程？自然是过程。

案例2-6 一位英国绅士来到云南丽江，看到这里的人们生活悠闲、节奏缓慢。就问当地的一个老太太："夫人，你们这里的人生活节奏为什么是慢悠悠的？"老太太说："先生，你说人最终的结果是什么？"英国绅士想了想说："是死亡。"老太太说："既然是死亡，你忙什么？"

老太太的话点醒了英国绅士，也应该点醒众人。生命是一个括号，左边括号是出生，右边括号是死亡，我们要做的事情就是填括号。那就用丰富多彩的事情，阳光灿烂的心情把括号填满。然后真心实意地体会过程，享受其中的阳光或者黑暗，因为世界总有阳光与黑暗。

6.选择合适参照物比较

人们常常会产生与他人比较的心态。有人比较的结果是心情郁闷，有人比较后却心情舒畅。其实，比较后的心情好坏都在一念之间。所以，人要学会正确的比较，正确比较的方法就是要与合适的参照物进行比较：比自己拥有的，不比自己没有的。

案例2-7 比尔·盖茨一秒钟可以挣250美元，一天能挣2 000万美元，一年能挣78亿美元，这还是前几年的数字。如果要和盖茨比财富是比不过的，比的结果只能是自己跟自己过不去。

案例2-8 台湾人黄美莲，小时候患脑瘫，肢体失去平衡，只能坐轮椅，不会说话。可是却取得了美国一所名牌大学美术系的博士学位。有一次做学术报告，有人问："黄博士，你长成这样，难道一点儿也不怨恨吗？"她却微微一笑，在黑板上写下几行字："我很可爱；我的腿长得很美；我有疼爱我的父母；我有一只可爱的小猫；我会画画……我只看我所有的。"

因此不要与富翁比阔比富；不要与有权力的人比权比势；不要与兔子比赛跑步。不妨向下看，因为向下看，看到的都是笑脸；而向上看，看到的都是压力。

7.正确看待压力

每个人都会遇到压力，有的人遇到压力就抱怨，抱怨的结果是压力依然在，心情却烦躁，问题也解决不了。不妨调整心态，承受压力或者转换压力，才会有好心情，问题可能就迎刃而解了。

案例2-9 一块砖的存在价值是可以砌墙。可是砌墙的话，就要受到上层砖的压，下层砖的顶，旁边砂石的挤，这是砖的本职，很正常。如果一块砖不愿意受挤压，不砌墙，那就呆在草坪上、路边，就成垃圾，没有价值。

只要是砖，就必须呆在墙上，否则只能扔到垃圾筒里去。一个人就是一块砖，你要加入墙的构造就是加入团队，如果你感到加入一个团队上挤下压不正常，就要调整心态让自己正常，自己要乐观一点，别人挤压你，你不也挤压别人了吗？你说我是最底层的砖，那不压土了吗？别的砖想进来，想盖这个楼，不适合，还不要。

当然碰到特别坚硬的石块，砖也不能在石块上砌墙，就要避开石块，否则砖也要断。压力太大的时候要学会弯曲，以柔克刚。

8.常有感恩之心

感恩是一种态度，它源自于内心的知足，而它的行为表现则是种种爱的行动。爱可以使人与人、人与环境和谐相处，有了和谐氛围，人们生活是快乐的，是积极向上的，是健康阳光的。

案例2-10 在一次学术报告会上，记者对数学大师霍金提出这样的问题："霍金先生，卢伽雷病已经将你永久固定在轮椅上，你不认为命运让你失去很多的出路吗？"大师的脸上充满微笑，用他还能活动的三根手指艰难地叩击键盘，显示屏上出现了："我的手指还能活动；我的大脑还能思维；我有终生追求的理想；我有爱我我爱着的亲人与朋友。"最后他还打出了一句话："对了，我还有一颗感恩的心！"

三根手指和一个能思维的大脑是霍金身上唯一能动的部件，可是他却做出了卓越成绩。试问：仅凭他的意志、毅力与聪慧的大脑能做出伟大的学问吗？当然不可能，霍金有计算机、发达的医学、强大的经济支持等等。大师明白这一点，所以他感恩，他内心不会因为自己的身体的不幸而焦躁、悲叹，也不会因为自己的研究成果而沾沾自喜，他有健康阳光的心态。

三、课堂训练

(一) 训练情景、任务与步骤（见表2-2）

表2-2 　　　　　　　　　　拥有阳光心态训练情景、任务与步骤

训练情景	王萍是一位英国海归，她在英国获得公共管理硕士研究生文凭，回国后在一家民营企业办公室工作。工作半年后，她觉得公司管理混乱，任何事情无计划，总经理一人说了算，企业不关心员工身心健康，没有企业文化等等问题一大堆。她常常满腹牢骚，与人交流都是不满情绪。你是王萍的同事，她有时也在办公室向你诉说不满，尤其对她的直接上司办公室主任不满，认为上司做事没有魄力。她决定要辞职	
训练任务	1.请分析王萍的心态如何？做好发言提纲。 2.如果你和她交流，你觉得怎样与她交流比较好？请设计方案，并模拟实施	
训练步骤	训练内容	补充说明
步骤一	学生自由组合，4人一小组，推荐一位小组负责人	
步骤二	小组研读训练情景，明确训练目的，领会训练任务	小组负责人负责分配任务，协调小组成员之间的谈论
步骤三	小组分析、商讨情景，做好发言提纲，设计交流方案	方案要可操作，要有明确的目的
步骤四	每个小组阐述所分析结论与所设计方案	小组负责人指定一位同学发言
步骤五	教师指定一小组现场模拟设计方案	其他小组成员观看，并做好记录
步骤六	其他小组成员点评方案效果	
步骤七	教师总结点评	

(二) 训练评价记录表（见表2-3）

表2-3 　　　　　　　　　　拥有阳光心态训练评价记录

被评价人姓名		组别		情景角色	
评价项目		分值	小组评分 （50%）	教师评分 （50%）	总得分
1.职业形象礼仪	服装以及整体搭配	5分			
	办公室妆容	5分			
	坐姿、站姿	5分			
	入座、离座	5分			

2.阳光心态内涵、意义理解	对王萍心态分析	20分			
	发言时发言者心态	10分			
3.打造阳光心态方法运用	方案设计	20分			
	现场模拟者表现	10分			
	现场模拟效果	10分			
4.语言表达	小组阐述语言	5分			
	同学点评语言	5分			
5.小组合作表现		10分			
总 计		100分			
评价人					

备注：此考评记录表满分为100分，60~70分为合格，71~89分为良好，90分及以上为优秀。

四、自测训练

1.请分析下面案例中两人行为不同的原因在哪里？你比较认可谁的做法？为什么？

南方的6月天很热，甲和乙先后气喘吁吁地从外面跑进办公室，他俩都汗流浃背。甲进办公室时，办公室同事丙给他端来了半杯水。甲特别高兴，连声说："好！及时水，太渴了。"忙道谢，然后把水一饮而尽。乙进办公室后，丙同样也给他倒了半杯水，乙则皱了皱眉，什么也不说，把半杯水放在桌上，自己另外拿自己的杯子倒了满满一杯水。

2.以小组为单位训练，小组长记录，最后小组长汇报。

（1）快速说出自己的三大优点，并举例证实。

（2）未来我将成为一个什么样的人？为什么？

（3）从今天开始，我马上可以做些什么？

项目二

口语表达基本技巧

口语是人们在日常生活中运用最多的表达思想情感、交流信息、阐述观点等等的媒介。现今社会，随着经济的发展，人与人之间的交流日益增多，人们如何在有限的交流时间中将自己的思想、观点、情感、信息准确地表达出来，这就需要讲究口语表达的技巧。

任务一　　　　　　　　语言表达准确

一、案例分析与教学目标（见表2-4）

表2-4

语言表达准确案例分析与教学目标

案 例	一个年轻人自认为口才很好，遇到什么事都喜欢说两句，而且还是"实话实说"。一天他去参加一个朋友孩子的百天宴会，众人都说孩子长得很可爱，年轻人却不以为然，认真地说："我是喜欢说实话的人啊！这小孩子，又瘦又小，那手就像猴子爪一样！长得太难看了！"朋友听了气得将年轻人赶了出去。 　　第二次，年轻人又去参加一个朋友孩子的百天宴会，这回他学乖了，见到众人都在赞美孩子，他也说道："这孩子长得白白净净，长大后肯定能像戏台上的白脸一样，是个大官！"众人听了，立刻把他轰了出去。 　　第三次，年轻人又去参加一个孩子的百天宴会，这一回他记住了上两次的教训，什么话都不说了，只是坐在凳子上不出声，有人走过来对他说："年轻人啊，你平时都喜欢说话的，今天怎么一声不吭啊？"年轻人依然不声不响，主人立刻打圆场，就对他说："说几句吧！说错了不要紧的！"年轻人非常严肃认真地说："我本来是不说的，是你们让我说的！将来小孩子有了好歹可不要怪我！"众人一听，再次把他轰走了
案例分析	这个年轻人说话之所以被人们轰走，原因有三： 　　一是说话口无遮拦。中国人忌讳多，讲究口彩，特别是在喜庆的场合。其实他可以根据实际情况转换句子从而避免出现上述的情况。例如第一次，实际情形是孩子身材瘦小，他可以这样说："这孩子长得娇小玲珑，将来必定灵活！"第二次，简化中间句子："这孩子长得白白净净，长大后肯定是个大官！"第三次，他可以非常严肃认真地说："你这孩子高高兴兴地来到这世界，可要做好顽强拼搏的准备，爱拼才会赢。" 　　二是措词不当。说孩子手像猴子爪，会让人理解为孩子的父母是老猴子，还有当众侮辱人之意。拿"小白脸"说脸白，并进而衍生出戏台上的"白脸"（奸角、奸臣），让人听了总觉得难受。 　　三是做了乌鸦。在交际场合，特别是喜庆场合，宁做喜鹊，莫做乌鸦。年轻人不分对象说话，面对孩子，人们总是喜欢夸奖，赞扬。大人和孩子都很高兴，对孩子的成长也有利，而这位年轻人，总是对孩子说不好的话，给人留下了没有爱心和同情心的坏印象。 　　总而言之，这位年轻人的问题是说话不妥当，语言表达不准确。在日常生活中，我们应该把话说得听者爱听，这就有效了。如何有效？这就要注意怎样把话清楚，说妥当
教学目标	知识目标：1.了解幽默语言、模糊语言的作用、效果以及方法技巧；2.掌握语言表达准确的技巧 能力目标：恰当运用语言表达技巧，在实际生活中能进行有效沟通，达到沟通预期目的

二、知识储备

（一）幽默语言

1.幽默语言的作用

（1）与别人初次见面时，幽默的谈话会赢得对方的好感。

当双方发生矛盾冲突时，幽默的谈话会冰释前嫌。具有幽默感的批评性谈话，使人乐意接受。在工作劳累的时候，幽默的笑话可以使人得到积极地休息。总之，幽默是社交中不可缺少的润滑剂。

案例2-11　抗日战争胜利后，著名国画大师张大千要从上海返回四川老家。行前，他的学生糜耕云设宴为大师饯行。这次宴会邀请了梅兰芳等社会名流出席。宴会伊始，张大千先生向梅兰芳敬酒时说："梅先生，你是君子，我是小人，我先敬你一杯。"梅兰芳不解其意，忙含笑问："此作何解？"大千先生笑着答道："你是君子——动口，我是小人——动手。"张大千先生的幽默引得宾客哈哈大笑。

（2）遇到挑衅性的问话，用幽默的语言回答，比直接驳斥有时会取得更好的效果。

案例2-12　爱迪生致力于制造白炽灯泡的时候，有人取笑他说："先生，你已经失败了1 200次了。"爱迪生回答说："我的成功就是发现了一、二百种材料不适合做灯丝！"说完，他自己哈哈大笑起来。他的幽默答话化解了自己的困境，对方再也说不出什么挑衅性的话来了。

（3）幽默的语言会给批评增加针砭和说服的力量。

案例2-13　鲁迅先生批评沉湎于谈情说爱、荒废学业的川岛，在送给川岛的《中国小说史略》扉页上写道：请你从"情人的拥抱里"，暂时伸出一只手来。接收这干燥无味的《中国小说史略》。

（4）对于敌人，幽默辛辣的讽刺是有力的打击。

案例2-14　当年在美国主办《中西日报》的伍磐昭在一次演讲中谈到袁世凯，他说："袁世凯生平只做了一件大利大益于中国的事。"听者愕然，急想知道是何事。他这才回答说这件大利大益于中国的事"即是他死了——绝对地死了，很合时宜地死了，很合适地死了。"这一妙语，使在座的人都会意地笑了。

2.幽默语言的运用方法

怎样使语言具有幽默感呢？从语言运用上讲有以下几个方面：

（1）运用谐音。

在特定的语言环境里，利用词的多义、同音和同形的条件，用一个词语去关联两种不同的事物，使语句具有双重的意义，妙语双关，一箭双雕。

案例2-15　　公司同事李师傅与牛师傅在闲聊。李师傅："听说汪师傅申请提前退休，已经打了三次报告了，怎么到现在还没批下来？"牛师傅："哈哈，听胡书记说，他每次都是无'礼'要求啊。"李师傅："可听说老金报告打了一次就批下来了？"牛师傅："那是胡书记见'机'（家用电器）行事嘛！"这里的交流都用了谐音，产生了一定的幽默效果。

（2）运用对比。

用对比揭示事物的不一致性，造成幽默的效果。

案例2-16　　甲对乙说："丙这个人什么都不缺，除了美德和才干。"实际上是说丙无德无才。

（3）运用正话反说。

用与本意相反的话来表达本意，产生幽默和谐的谈话氛围。

案例2-17　　1985年6月，德国外长根舍与我国外长吴学谦会谈后说："我认为这次讨论是有成果的，我只对一点感到失望。"听完这话，在场的人惊讶地看着他。根舍接着说："我感到失望的是，根本没有一个问题是我同我的中国同事可以为之争论的。"根舍与吴学谦两位外长的会谈，其实双方意见完全一致。但根舍正话反说，增添会谈的友好融洽的气氛，达到了意想不到的语言表达效果。

（4）运用简语繁说。画蛇添足，也能产生幽默效果。

案例2-18　　有的人说话很俏皮，别人问他每月工资多少元，他回答说："850大毛。"本来他的基本工资是85元，他故意把元换成以角为计算单位，将绝对数增大。

（5）运用歇后语。将歇后语的前半部分的比方说出来，后半部分的解释隐去，让对方自己去体会，产生幽默效果。

案例2-19　　"这个人真是和尚打伞——无法无天。""下雨天出太阳——假情假义。"这两句话中的"无法"是"无发"的谐音，"假情"是"假晴"的谐音。

（6）运用比喻。利用形象的比喻来说明事物的性质，使语言既幽默又生动。

案例2-20　　有人问一位采购员采购工作好不好？他这样回答："出门是兔子，办事是孙子，回来是骆驼。""兔子"是指出门为了抢时间赶车赶船跑得快；"孙子"是指为了买到所需货物不惜请客送礼，低头哈腰地向人家求情；"骆驼"是指回来的时候不仅要办好货物托运还要给老婆孩子买东西，负载很重。他用形象的比喻说明采购工作是个吃苦受累的活。

（7）语言倒置。把事物的正常关系在特定条件下颠倒过来，从而达到幽默的效果。

案例2-21　　"你命好，有儿子孝顺；我呢？我得孝顺儿子。"这种语义的倒置产生了强烈的幽默效果。

（8）抓住矛盾。抓住对方说话的自相矛盾，突出其可笑之处。

案例2-22 万小姐每天上班都要经过一座桥。这天她看路上有许多士兵，还有坦克、大炮、汽车经过。当她开车来到桥头时，一个军官规规矩矩地向她敬了个礼："小姐，您不能从这里过去。"她不知道军队在演习，她很生气："为什么？我上班要迟到。"军官客气地说："我们现在在演习，它在两个小时前就已经被炸毁了。"万小姐更生气："那么什么时候可以过去？"军官严肃地说："很抱歉，小姐！我无法告诉你，我在三个小时前就阵亡了。"生气的万小姐不由乐了。既说"我无法告诉你，我在三个小时前就阵亡了"，又明白地告诉万小姐"它在两个小时前就已经被炸毁了。"前后语言就是相矛盾的。

（9）采用逻辑推断。假定对方表述的观点正确，推论出荒唐可笑的结论来。

案例2-23 有一位老师对吵闹不休的女学生说："两个女人等于一千只鸭子。"这时女生见师母来了，就对老师说："老师，有五百只鸭子找您。"这里把女人比作鸭子本是荒谬的，学生依据老师荒谬的观点，再进行推论，结果是老师很无奈。

（10）运用暗示。在有些特殊的场合，把一些关键性词语不说出来，或换成暗示的说法，让听者去揣摩弦外之音。

案例2-24 19世纪意大利作曲家罗西尼对于没有自己创见的作品很讨厌，一位年轻的作曲家将自己的作品弹给罗西尼听，想得到赏识。罗西尼一边听，一边不断地脱帽又戴帽。年轻的作曲家感到奇怪，问罗西尼是不是屋子里太热。罗西尼说："不，我有一见熟人就脱帽的习惯。在阁下的曲子里，我不断地碰到熟人，不得不频频脱帽致意。"这里的"熟人"是有言外之意的，罗西尼没有正面批评对方，用幽默语言让对方心领神会。

（11）偷换概念。利用违反同一律的错误，悄悄转换概念。概念被偷换以后，显然是从新角度讲问题了，这就显示了说话者的机智和幽默。

案例2-25 几个朋友聊天，纷纷感叹"没钱万事不能，有钱不是万能"。大伟突然对大家说："各位，不怕得罪大家，我觉得你们都没有钱，只有我有钱！你们信吗？"朋友们愕然，都觉得大伟太打击大家了。大伟望着众人疑惑的眼神，不慌不忙地站起来，慢条斯理地摸出一串钥匙，接着说："你们看，我的钱就在这里，你们有吗？"大家恍然大悟，哈哈大笑，纷纷表示大伟有钱。原来大伟钥匙上有一枚铜钱。在一般情况下，概念被偷换得越离谱，所引起的预期幽默效果越高。

（12）运用自嘲。就是自我嘲解，调侃自己。

案例2-26 古代有一名姓石的学士，一次在大街上骑驴，不慎摔在地上。石学士不慌不忙地从地上爬起来，掸掸衣服说："亏我是石学士，要是瓦的，还不摔成碎片？"说得在场的人哈哈大笑，自然石学士也在笑声中免去了难堪。

（13）运用错位。错位可以有古今语言错位运用，贬义、褒义词语错位运用等等。

案例 2-27　　毛泽东在《别了，司徒雷登》中说："艾奇逊是不拿薪水的好教员，他是如此诲人不倦地毫不隐讳地说出全篇的真理。""诲人不倦"本是褒义词，文中却指连篇累牍、喋喋不休地兜售反动说教的艾奇逊，通过这一错位反差，人物的厚颜无耻更暴露无遗。

（14）巧用行业语。行业语本应指在一定行业使用的语言，如果在特殊语言环境下，借用行业语，也可以产生幽默效果。

案例 2-28　　中苏关系恢复之前，戈尔巴乔夫表示要与中国恢复正常睦邻友好关系，邓小平同志提出在三个前提条件下才能实现。外电对此评论是"戈尔巴乔夫放出试探性气球""北京把球又踢给了莫斯科"。这里运用"气球""踢球"等术语，把严肃的政治问题、外交问题说得既轻松又幽默。

3.使用幽默语言的注意事项

（1）幽默语言要把握好适当尺度。

不要挖苦和嘲笑别人；不要去模仿别人的动作和讲话来加以取笑。不要唠唠叨叨，啰啰唆唆，说个没完；不要一味地滑稽、俏皮，无止境地幽默，那样反而会失去幽默的魅力。

（2）幽默要看场合。

在日常生活中，有许多场合可以说幽默的笑话，如盛夏纳凉，乘船候车，月下漫步，课余小憩，酒前宴后闲聊等等。但在一些场合则不宜说幽默的笑话，如在严肃的场合、庄重的会议上，或在葬礼上等等。在婚礼的宴席上，可以就新郎、新娘的恋爱轶闻说些幽默而带有启示意味的话，但不要以新郎新娘的长相、年龄或隐私等敏感的问题作为笑料来大肆宣扬，那是令人不快的。

（3）幽默还要把握好时机。

一旦发现幽默能令大家高兴，或者把别人带到愉快的气氛里，就应该毫不犹豫地表现出来。一旦发现周围的气氛不适合幽默，就要收住。

（4）幽默要注意对象。

要区分不同的性别、身份、地位、阅历、文化素养和性格等，不是在任何人面前都可以说幽默语言的。一般来说，在熟人、同乡、同学、老同事、老部下之间，可以说些幽默风趣的话，即使玩笑开得有些过火也无伤大雅。但如果是上级、名人、长者、陌生人、女性尤其是妙龄少女、性格忧郁或孤僻的人、对工作或职业不满的人，一般不宜随便用幽默语言。

（5）幽默要有正确的态度。

装腔作势、揭人隐私、笑里藏刀、指桑骂槐、牵强附会、含糊其辞、低级庸俗、油腔滑调、先笑不已等，都是说幽默笑话的大忌。

（6）幽默语言要注意步骤节奏。

幽默语言在表达的时候首先要制造悬念，然后着力渲染，再意外反接，最后才能陡然领悟，从而达到效果。

（二）模糊语言

1.模糊语言的概念

模糊语言是一种弹性语言，是指外延不确定、内涵无定指的特殊性语言，它具有不确定性、不精确性、相对性和亦此亦彼等性质。人们在语言交际中，常常会利用模糊语言，来表达某些难于表达的事物，或者用于回避某种麻烦。

2.模糊语言的作用

（1）表达的客体本身模糊，用模糊语言可以准确表达。

例如朋友邀你去做客，你自己无法确定具体时间，就可以说："大约在中秋节前后，我一定去一趟。"这样很灵活，可以在中秋节前，也可以在后。

对突发事件，在尚未弄清来龙去脉，又不得不立即作出反应时，也需要这种伸缩性很大的模糊语言。例如："我们注意到了××事态的发展。""我们注意到了贵国领导人的讲话。""注意到了"只表示"知道了"，但并未表明自己的观点，这样自己拥有主动权。

（2）应对特定语境，特定心理需求，没有必要精确说出，用模糊语言可以收到预想的语言效果。

对本来已经清楚的事实或想法，出于某种策略的考虑，故意使用含义广泛的模糊语言，可以使你的话具有某种弹性，能收到良好的效果。例如有的单位领导为了纠正某种不良倾向，又不至于使矛盾激化，便使用模糊语言："最近一个时期，我们单位的纪律状况总的来看是好的，绝大多数同志比较自觉，但也有极个别同志表现较差……"这里，使用了一系列的模糊语言："最近"、"绝大多数"、"极个别"等。

模糊语言可以摆脱困境。

案例2-29　项羽自称霸王后，想谋杀刘邦。范增出主意说："等刘邦上朝，大王就问他：'寡人封你到南郑去，你愿不愿意去？'如果他说愿意，就说明他意图养精蓄锐，有谋反之心，可以绑出去杀掉；如果他说不愿意，你以违抗王命杀掉他。"刘邦上殿后，项羽一拍案桌，高声问道："寡人封你到南郑去，你愿不愿意去？"刘邦答道："臣食君禄，命悬于君。臣如陛下坐骑，鞭之则行，收辔则止，臣唯命是听。"项羽一听，无可奈何，只好说："刘邦，你要听我的，南郑你就不要去了。"刘邦的回答，就是使用了模糊语言，从而绕开了陷阱。

有些情况，有些事，不好说，不便说，全都精确说出来反而产生负面影响，使用模糊语言就能避免负面影响。譬如处理一些国际关系，处理日常生活事务，批评他人等，谈判活动等。例如在国际交往中，一方领导人当面向另一方领导人发出访问邀请，如果这一邀请事先未商定，被邀的一方对于是否应邀尚无把握，而出于礼貌又不便当场拒绝，则通常是说："我高兴地接受您的邀请，将在方便的时候访问贵国。"这样，如果日后无意往访，可用各种"不方便"为托词。

3.如何构成模糊语言

（1）用模糊词汇。

采用表述不确定的词汇：许多、不少、大概、有点等表示数字的词，南部、靠近等表示方位的词等。

例如导游词："……无锡地处江苏省南部、太湖之滨，北临长江，南接浙江、安徽两省，西邻常州市，东靠苏州市。……无锡是我国江南的一座古城，距今已有3 000多年的历史。据《史记》记载，商朝末年，周王长子泰伯及其弟仲雍从陕西来到这里定居，筑城于梅里（今锡山市梅村一带），建"勾吴"国，这是无锡建城的开始。"这里"南部""之滨""北临长""南接""西邻""东靠""3 000多""一带"都是模糊词语。

（2）用比喻、象征、类比等修辞手法。

例如无锡蠡湖新城导游词："……整个山水城的规划总面积约为320平方千米，其中太湖的湖面约180平方千米，山地约60平方千米。其陆地部分的形状就好象是人的两只手臂把太湖紧紧环抱胸前一样：从十八湾至马山为"右臂"，以度假休闲和观赏景点为主；从鼋头渚至军嶂山为"左臂"，以观赏游览和影视娱乐为主；而锡山、惠山一带构成腹地，分别作为游览无锡的区域和集中发展为旅游度假的各项配套设施的后方基地。……它就像一张支起的渔网，和四周优美的太湖风光融为一体，寓意无锡是个鱼米之乡。"其中"右臂""左臂""渔网"等用了比喻修辞，虽语言模糊，却表意清晰。

（3）用外延范围大的词语不做修饰直接表示。

汉语词汇极丰富，有时一个词语可以表达很多意思，而一种语意在不同的语境下也可以用不同词汇表达，产生的效果是不一样的。

案例2-30　刘阿姨是工会主席，人很热情。想给新员工小芳介绍个对象，但又怕小芳不好意思。碰到小芳后，刘阿姨说："小芳，最近怎么样？个人问题怎样了？"

这里"个人问题"的外延范围很大，可以指身体方面的，也可以指工资、友情、恋爱、家庭等等，不过这里的"个人问题"应该指婚姻恋爱方面，而这又是听到这句话的人能理解的。如果听话人不便回答这方面的问题，她就可以用"个人问题"中其他方面回答，避免了尴尬。

4.如何应对模糊语言

（1）模糊性回答。

案例2-31　小程刚参加工作，就听说单位有派别之争。一天，同事林某神秘地对他说："小程，我总觉得我们王科长有点'那个'，你来这个科也有段时间了，你对他的印象如何？"小程沉思片刻回答："我对他印象挺深刻的。"林某听了这话，拍拍小程的肩膀说："好，好，程老弟，真有你的。"

这里，小程用了模糊性回答。林某话中的"那个"一词具有模糊性，令小程难于揣摩他葫芦里到底装的什么药。为了不因自己的一句评论而卷入"派别之争"，他采用了"以其人之道还治其人之身"的方法，用同样具有模糊性的中性词"深刻"巧妙地回答了同事神秘的探问，使林某无功而退。

案例2-32 大阿訇到阿凡提处理发总不给钱。一次，阿凡提给他刮脸时间："你要眉毛吗？""要，当然要！这还用问！"飕飕几刀，阿凡提把眉毛刮下来递到大阿訇手中，阿訇哭笑不得。"你要胡子吗？"阿凡提又发问了。有了上一次的教训，阿訇赶紧说："不要，不要！"又是飕飕几刀，阿凡提将胡子刮下来扔到地上。阿訇火了，阿凡提却说："我不都是照您的吩咐做的吗？"

故事中的几个"要"和"不要"，可以作不同的解释，它的语义就具有模糊性。"你要眉毛吗？"这里的"要"，阿訇理解为"要保留"。而阿凡提却执意"要剃掉"。胡子呢？阿訇说的"不要"，指的是"不要刮掉"，而阿凡提却依"不要保留"的语义来处置。聪明的阿凡提，正是利用语言的模糊性达到了捉弄阿訇的目的。

（2）幽默提醒法。

案例2-33 有一天女主人对她的保姆说："今晚上有客人来家里吃饭，看你能做些什么特别的菜。"保姆听后微微一笑："好。太太。不过我不知道您是要客人吃了还想再来呢，还是永远不想再来？"保姆的幽默提醒了女主人，她拍拍自己的脑袋说："你看我这话说的！好吧，我列个菜单。"保姆接过女主人列的菜单，高高兴兴地领命而去。

这里，保姆针对女主人的模糊语言，采用了"幽默提醒法"。女主人话中的"特别"一词具有模糊性，保姆以"特别"的两个极端——特别好吃（以致客人吃了还想再来）和特别糟糕（以致客人吃了永不想再来），幽默地提醒了女主人其话中"特别"一词的模糊性，使女主人改口换言，具体安排，也使自己有"章"可循，有"法"可依。

（三）语言表达准确技巧

要让语言表达在不同的场景中准确、有效，要注意说话的技巧，下面从三个方面谈。

1. 要充分关注听者身份

（1）关注听者的年龄，根据听者年龄差异确定说话内容和方式。

小孩单纯天真、活泼好奇，求知欲强，喜欢富于故事性、趣味性、知识性的交谈。与他们交谈，应多使用讲故事、打比方、说笑话的方式，语言要浅显易懂、生动形象。青年人往往对前途理想、婚姻恋爱、文艺体育、科学文化、社会经验等话题感兴趣，交谈时应当多运用科学性、哲理性、鼓动性的语言，要以情动人，以理服人。中年人多热衷于专业学术、社会新闻、家庭伦理、人际关系等话题。他们都有一定的社会经验，对事物都有自己的认识和看法，交谈时应当既讲究语言的平实，又注意风趣幽默，谈出自己的真知灼见。老年人对退休生活、防病治病、健身颐养等话题感兴趣，与之交谈应当多用委婉语言，且音量应稍大，距离稍近，语速稍慢。

（2）关注听者文化程度，根据文化程度差异确定说话内容和方式。

与文化程度高的人交谈，语言应当尽量文雅一点。若是学识渊博的高雅之士，他可能崇尚旁征博引而少芜杂的言辞，你不妨从理论问题入手，引经据典，纵横交错，使谈话富有哲理色彩。言辞应当尽量表现出含蓄文雅，谦虚好学。与专家讨论，应当表明自己的观点和态度，甚至不同的见解，显示出你的探索和进取精神。要谦逊有礼，多请教，多倾听。与文化程度低的人交谈应尽量做到浅显明了，通俗易懂。

（3）关注听者兴趣爱好与习惯，根据听者兴趣爱好和习惯差异确定说话内容和方式。

只有双方都感兴趣的话题，才能有话可说，才能畅所欲言。没有兴趣，就会敷衍了事，甚至缄口不言，很难达到交流的效果。美国前总统罗斯福，无论是跟牛仔或骑士、政治家或外交家、商人或农民交谈，他都能找到恰当的话题并选择有效的谈话方式进行交谈。其中的奥妙之处就是他要接待某个人时，事先必定翻阅对方的档案及有关材料，研究对方最感兴趣的问题。

（4）关注听者生活经历与职业特点，根据听者生活经历与职业特点差异确定说话内容和方式。

生活经历的不同，导致谈话内容和方式的要求有别，对话语意义的理解有异。做领导工作的人，容易形成一种居高临下的自我感觉。与他们交谈，应理解他们的职业心理，不要讽刺挖苦，话语尽量委婉一些，增加幽默感，让对方在笑声中受到启迪，引起思考。做领导工作的人，也要时时注意自己的言行，交谈应尽量做到平易近人，不应以领导自居，发号施令。

（5）关注听者性格，根据听者性格差异确定说话内容。

对于性格孤傲、心胸狭窄的人，语言要柔和些，就像春风化雨，沁人心脾。交谈中特别要认真听取他的讲话，仔细品味其中的含义，以便寻找话题。对于心胸豁达、直爽开朗的人，如果讲话转弯抹角，对方会感到别扭，甚至不耐烦。所以与他们交谈，说话应当坦率而富有情趣。对性格内向之人，在语言上要热烈些，引起他讲话的兴趣，否则就会"黑夜摸石头"。性格急躁的人，讨厌喋喋不休地长篇大论。与之说话，应当干脆利索。思想固执的人，你若采取正面强攻，往往会碰得鼻青脸肿，不妨采用迂回战术。

（6）关注听者性别，根据性别差异确定说话内容和方式。

男女之间，不但在生理和心理上有较大的差异，而且在思维方式和性格情趣方面，也存在着明显的差别。加之受传统世俗观念的束缚，因此，交谈时不可不注意选择恰当的方式。与异性交谈，说话要注意分寸，把握好一个"度"字。切不可言辞轻佻，卿卿我我。对双方都很敏感的话题，或女方不愿涉及的话题，要尽量避免，改谈一些别的话题，以免发生误解。一般说来，女性自尊性较强，很爱面子，尤其不肯在男性面前丢面子，与她们讲话时特别要注意这一点。由于多种原因，女性观察问题、解决实际问题的能力总体来说相对弱一些，所以要让她们在自我感觉平等的基础上来实现；否则，可能事与愿违。此外，异性之间有事商量，最好是在公开场合，时间也应选择在白天，尽量不要晚上登门造访；如遇急事，也宜有人相陪，这样可以避免别人的猜疑和不必要的麻烦。

2.要充分注意听者心理

（1）要保持与听者的心理距离。

案例2—34　三国中杨修之死。曹操领兵扎于斜谷界口，屯兵日久，欲要进兵，又被马超拒守，欲要收兵，又怕被蜀兵耻笑，心中犹豫不决。正好庖官进鸡汤，曹操见碗中鸡肋有感于怀，夏侯惇入帐，禀请夜间口号。曹操随口说："鸡肋，鸡肋！"杨修见传鸡肋二字，便叫随行军士，收拾行装，准备归程。有人报知夏侯惇，夏侯惇大惊。问杨修："公何收拾行装？"杨修说："以今夜号令便知魏王不日将退兵归也。鸡肋者，食之无肉，弃之有味。今进不能胜，退恐人笑，在此无益，不如早归。来日魏王必班师矣。故先收拾行装，免得临行慌乱。"夏侯惇曰："公知魏王肺腑也！"结果军中诸将无不准备归计。

杨修所说有理有据，分析形势又极透彻。但他却不知这一番话已构成"乱军之罪"的事实，更重要的是，"公知魏王的肺腑！"实犯曹操之"忌"。也就是说侵犯了曹操的心理空间，轻越对方的心理防线。杨修之死，死于祸从口出。

（2）要注意策略和技巧。

案例2—35　哈伯博士需要100万美元来筹建新的建筑。他拿了芝加哥一份百万富翁的名单，研究向谁筹募这笔捐款。最后他选中两位，每位都是百万富翁，而且彼此都是仇恨很深的敌人。其中一位是芝加哥市电力公司的总裁。博士选了一天中午去见总裁。因为这时候办公室只有总裁一人。他悠闲地走进总裁的办公室，总裁对他的出现大吃一惊。博士自我介绍说："我叫哈伯，是芝加哥大学的校长。请原谅我自己闯了进来，因为我发现外面的办公室并没有人，于是我便走了进来。我曾多次想到你，以及你的电力公司。你已经建立了很好的电力系统，而且我还知道从这方面你赚了很多钱。但是，每当一想到你，总有一天，你要离开这个世界，别人将会接管你的一切，而金钱一旦易手，很快就会被人忘记它原来的主人是谁。于是我想提供一个让你的姓名永垂不朽的机会。我可以允许你在芝加哥大学兴建一所新的大楼，以你的姓名来命名。本来我早就想跟你说了，但校董事会的一位董事希望把这份荣誉留给某先生（某先生是这位总裁的敌人）。不过我私下里很欣赏你，而且现在我还是很欣赏你，如果你能允许这样做，我将会说服董事会的反对人士，让他们也来支持你。今天，我并不是来要求你作出决定，只不过是我刚好经过这里，想顺便来坐一下，和你见见面，聊一聊。你可以把这事考虑一下，如果你希望和我再谈这件事，麻烦你有空给我拨个电话，这是我的名片。再见了，先生，很高兴有这个机会和你聊聊。"说完这些，博士便点头致意，退了出去，不给总裁说话的机会。结果，博士拿到了100万美元。

这里，博士注意了总裁要面子，要胜过对手的心理，并站在总裁的立场上，帮他进行了合理的分析，采用攻心术，最后取得成功。

3.要充分注意说话环境气氛

（1）要注意说话的时间、地点等因素。

案例2-36　　正月初一早6点55分，某煤气站门外，人们等7点钟开门换煤气。师傅正要开门，一小伙子问："刘师傅，有气儿吗？"

"大年初一的，你小子会不会说人话，回去问你妈再来吧！"刘师傅不开门了，正想回头走。

另一人接过话茬说："刘师傅，他是问你有财气、福气、喜气没有呢？你快答'有'才是啊"。

刘师傅一听，乐了："这年头能没喜气吗？"说着，把门打开了。

小伙子没有注意说话的时间、地点。大年初一是一年的第一天，中国人最讲究的一天，开门第一件事就是贺喜，人们都想祝福有喜气、有财气。小伙子犯了大忌。另一人巧妙地在"气"前加"喜"、"福"、"财"字，正合刘师傅心意，皆大欢喜。

（2）要注意说话的场合。

场合表面上是指说话的空间、环境，实际上与人有直接联系。场合按照不同的分类标准，可以分为多种类型。按人数的多少分，有公开场合和私下场合之分；按人的心境分，有严肃场合和轻松场合之别等。不同的场合有不同的氛围，说话的话题、语气等要符合这个场合的氛围。例如公开场合，说话要严谨些；私下场合，话题可以随意些。严肃场合，说话语气要庄重些；轻松场合，语气可以诙谐些。

案例2-37　　朱元璋当了皇帝以后，一天，一个儿时的穷伙伴进京来求见他。朱元璋很想见一见旧友，可又怕他讲出什么不中听的话来，犹豫再三，还是让人把他传了进来。那人一进大殿，即拜下大礼，说："我主万岁！当年微臣随驾芦州府，攻破罐州城。汤元帅在逃，拿住豆将军，红孩子当兵，多亏菜将军。"朱元璋听他的话动听含蓄，心里非常高兴，回想起当年大家在一起的情形，感慨万千，立即重重封赏了这个老朋友。消息一传出，当年和朱元璋一起放牛的伙伴也找上门来。他见到朱元璋，高兴得忘乎所以，生怕朱元璋忘了自己，指手画脚地在金殿上说道："我主万岁！你不记得了吗？那时候咱俩都给人家放牛，有一次我们在芦苇荡里，把偷来的豆子放在瓦罐里煮着吃，还没等煮熟，大家就抢着吃，把罐子都打破了，撒下一地的豆子，汤都泼在泥地里，你只顾从地下抓豆子吃，结果把红草根卡在喉咙里，还是我出的主意，吞下一把青菜，才把那红草根带下肚子里。"当着文武百官的面，朱元璋又气又恼，哭笑不得，喝令左右："哪里来的疯子，来人，把他轰出去。"

同样的内容，不同的人用不同方式说出来，结果不同。第二个人不但没有得到封赏，反而被轰了出去，其原因是忽略了说话的场合。

另外，说话者还应当学会选择自己熟悉的场合说话，因为一个人在自己熟悉的环境中说话，比在陌生的环境中说话更有自信与胆量。因此，要使说话达到更理想的效果，应当认真考虑选择恰当的场合。例如贸易谈判时，行家常常会争取将自己的国家、单位、办公室、住宅作为谈判地点。

三、课堂训练

（一）训练情景、任务与步骤（见表2-5）

表2-5　　　　　　　　　　　　语言表达准确训练情景、任务与步骤

训练情景	江明与伟华既是同班同学又是好朋友，不过伟华不爱活动，所以人比较胖。一天，两人准备同去车站买回家的车票。不巧江明接到班主任打来的电话，要他去系里统计放假期间学生留校名单。江明请伟华代买车票。 江明在系里忙了半天，有一个班级的数字不对，又重新进行了核对，还挨了老师的批评，说他工作不仔细。江明觉得今天很不顺利，气鼓鼓地回到宿舍。全宿舍其他四位同学都在，伟华也回来了。伟华见江明说："江明，真不好意思，我钱没带够，只买了一张票。"江明一听，立刻当着同学们的面数落起伟华来："你看你能做些什么？这么粗心大意！上次让你去借书，借书证丢了。这回钱不带够！"伟华也觉得自己事情没做好，小声说："我明天再去买一张。"江明一听，高声说："明天再去还来得及！说不定就买不到了，现在票这么紧张。你真是猪脑子！你整天想到的就是吃，吃的浑身都是肉……"还没等江明把话说完，伟华生气地说："你以为你是谁！这张票给你好了。从此咱俩井水不犯河水，你走你的聪明道，我走我的猪脑子道。"说完把票往江明床上一扔。从此以后，伟华再也不理江明了。江明有些不解，他觉得平时也会称伟华猪脑子的，这次怎么了？

训练任务	1.请分析江明说话哪里不妥？为什么？ 2.应该怎样缓解江明与伟华的矛盾？	
训练步骤	训练内容	补充说明
步骤一	以小组为单位，研读训练情景，明确训练目的，清晰训练任务	六人为一小组
步骤二	讨论、分析江明说话的不妥之处以及原因	
步骤三	商讨缓解矛盾的方法	江明应该怎么说话？ 宿舍其他同学应该怎么说话？
步骤四	现场模拟演示缓解矛盾方法	教师指定小组模拟；其他同学观看并对优缺点做好记录
步骤五	其他小组同学点评	
步骤六	模拟小组同学谈模拟感受	
步骤七	教师总结点评	

（二）训练评价记录表（见表2-6）

表2-6　　　　　　　　语言表达准确训练评价记录

被评价人姓名		组别		情景角色	
评价项目		分值	小组评分 （50%）	教师评分 （50%）	总得分
1.电话礼仪	接挂礼仪	5分			
	通话礼仪	5分			
2.语言表达 准确理解	江明说话不当原因分析	20分			
	缓解矛盾的解决方法设计	20分			
3.语言表达 准确技巧 运用	同学点评语言	10分			
	交流感受语言	10分			
	现场模拟者表现	10分			
	现场模拟效果	10分			
4.小组合作表现		10分			
总计		100分			
评价人					

备注：此考评记录表满分为100分，60～70分为合格，71～89分为良好，90分及以上为优秀。

四、自测训练

1. 请正确恰当使用模糊语言介绍你们宿舍的情况。

2. 阅读下面一段话，说说刘大说话的问题出在哪里？

小刘生日那一天，他请了朋友小张、小李、小王、小赵来家里喝酒。

小张、小李、小王都陆续到了。可是快到开席时，小赵还不见影子。小刘着急地站在门口瞭望，自语道："唉，该来的咋还不来呢？

这时，小张正好站在身旁，一听这话，心里犯嘀咕：我大概是不该来的。于是袖子一甩气愤地走了。

小李见小张拂袖而去，忙问刘大："这是怎么回事啊？"小刘也感到莫名其妙，着急地说，"啧啧，不该走的又走了！"

小李听了，眉头一皱，想：我大概是该走的，于是也不辞而别。

小刘不明究竟，摊开双手对小王解释说："你看，我又不是讲的他俩！"

小王听了，起了疑心：他大概讲的是我了，气呼呼地站起来拔腿出了门。

小刘更加糊涂了。这是小赵匆匆赶来，正在生闷气的小刘冲他抱怨说："你呀，来的真不是时候！"

小赵一听，二话没说，转身就走。

小刘呆呆地望着满座酒菜和空空的客厅，不禁长叹一声，自语道："唉，我的话哪儿说错了呢？

3. 阅读下面一段话，说说肖琴说话哪里不妥？为什么？应该怎么说比较好？

肖琴（班级学习委员）：这次学校艺术节，我们班报了11个节目，说明同学们的积极性很高，不过为了取得最佳成绩，宁缺毋滥！大家先表演一下，让我看一看。

同学甲：你算老几呀，有什么权力审查节目啊！

肖琴：我是学习委员，有这个权力！谁第一个表演？

同学一片嘘声。

肖琴（见同学没反应）：咦！怎么了，刚才的踊跃劲都跑到哪去了？怎么都成了霜打的茄子了？都当缩头乌龟了，一群胆小鬼！

任务二　　　　　　　发问技巧

一、案例分析与教学目标（见表2-7）

表2-7　　　　　　　　　　　　发问技巧案例分析与教学目标

案　例	林东被辅导员胡老师叫到了办公室。胡老师严肃地询问林东："你昨天晚上到哪里去了？还喝酒。为什么要喝酒？不知道喝酒违反校规校纪吗？"林东看了一眼满脸怒气的胡老师，双手在胸前一抱，一声不吭。胡老师更生气，对林东厉声说："你在办公室站着，好好想想。"走出了办公室。这时，同一办公室的王老师站了起来，指着旁边的一张凳子，对林东说："小伙子，来，请坐。有话慢慢说。我想你最近肯定有什么不顺心的事？"林东把抱着的手放下并且坐了下来	
案例分析	林东的情绪为什么会发生变化？显然是问话的方式不同引起的。对胡老师的第一问，林东选择了沉默，表现出反感情绪。而对于王老师的第二问，林东的戒备防范与反感放下了，这一问能够收到预期的效果，实现交流目的。可见，发问不是一件轻而易举的事，人们常常用"查户口"的比喻来讽刺僵化的、死板的发问。这种生硬的发问不仅起不到发问应有的功能、作用，甚至会窒息友善的空气，破坏交际的气氛，也很难使问话者了解到需要的情况	
教学目标	知识目标	1.了解发问在口语交流中的作用以及发问的类型； 2.掌握有效发问的技巧、方法
	能力目标	能够根据不同语境、不同交流需要进行有效发问

二、知识储备

（一）发问的作用

在口语交流中，运用发问往往存在两种情况：一是对情况不了解，缺乏某方面的信息，要求对话人提供信息，通过发问来了解；二是为启发对方思考某个问题，通过提问把问题引导到某个要点上。因此，发问有以下作用：

其一，将话题引入，获取自己需要的信息，交流活动顺利进行，如"我们就谈谈这个问题好吗？"

其二，调节交流氛围，克服交流过程中的沉默局面，鼓励对方继续说下去，如："你还有什么想说的？"

其三，引导对话人的思考方向，了解对话人在某个问题上的真实想法或者某些信息，如："你能不能告诉我……""这个问题是……"。

（二）发问的类型

1.合理发问与不合理发问

合理发问是指问句中有一个前提条件，这个前提条件是真实的。

案例2-38　"你昨天晚上看什么书？"这一发问的前提条件是：你昨天晚上真的看书了。"老黄的小儿子又住院了吗？"前提条件是：有个叫老黄的人，老黄至少有两个儿子，老黄的小儿子以前至少住过一次医院。

不合理发问是指问句中的前提条件是不存在的，对方不好回答。

案例2-39　"张正的妻子是做什么工作的？"如果"张正没有妻子"或者"她没有工作"，该提问就是不合理提问。

2.有效发问和无效发问

从效果看，发问可以分为有效发问和无效发问。有效发问是指富有艺术性的，使对方乐于回答、确切回答，有利于实现发问目的的发问；无效提问指生硬的，引起对方心里抵触，难以实现发问目的的发问。

案例2-40　A：经理对他的下属发问："听说你对这个方案有意见，你有什么意见？说吧。"

这个发问带有压制性，并且冷淡，是不会引起对方交流欲望的，只有抵触情绪，属于无效发问。

B：顾客问售货员："这蛋糕变质了吗？"

没有哪一个售货员会回答你变质或没变质。这个发问是得不到发问者想要的信息，也是属于无效发问。

不讲究艺术的发问，效果差，难以实现交际目的，因此都是无效发问。如果改变一下发问的角度、方法，用语经过深思熟虑，效果就不一样了。

案例2-41　　A改成："听说你对这个方案有你的想法。有想法很好，你说说看，说不定对我们现在的方案有帮助。"

B改成："这蛋糕是今天的吧？"

这样的发问有利于对方真诚地问答，能够收到预期的效果，达到交流目的，因而是有效提问。

3.封闭式发问与开放式发问

从发问所获得的信息量大小来看，可分为封闭式发问与开放式发问。封闭式发问是指向某个较为单一的领域带出简单答复的发问，对方回答的范畴小而单一，问者获取的信息量少。常用语有："能不能""行不行""会不会"等等，以及疑问语气词："对吗""可以吗""行吗""好吗"等等。开放式发问是指向某个较为广阔的领域带出丰富答复的发问，对方回答的范畴大而丰富，问者获取的信息量多。常用语有："为什么""谈谈""说说""哪里""什么""怎么样"等等。

案例2-42　　班长晓军来到班主任陈老师办公室。

晓军："陈老师，班长我不干了。"

陈老师："为什么？"

晓军："昨天分配劳动任务时，有的同学说我分配不合理，说我以权谋私，把轻松的任务给了要好的同学。"

陈老师："那么你有没有这样做呢？"

晓军："没有。"

陈老师："同学们这样说应该有他们的根据，你再想想你在工作中哪里让同学误会了？"

晓军：……

陈老师共有三问，很明显，陈老师的第一问与第三问晓军给出了不少信息量，这是两个开放式发问。第二问晓军的回答很简单，这是一个封闭式发问。

封闭式发问与开放式发问是从发问所获得的信息量大小来分，二者并没有优劣之分。在口语交际中，根据交际目的的不用，有时要用封闭式，有时要用开放式，并且二者往往是交叉使用的，上述案例既是。

4.中性发问与引导性发问

从发问对回答是否具有引导性来看，可分为中性发问与引导性发问。中性发问是指问话人没有确定性结论，受话人可以按照自己的愿意来回答；引导性发问是指隐含着预定的答案和可能出现的答案，问话人对回答较易控制的提问。例如："晚上我们去干什么?"问话人对答案没有限制，没有倾向性意见，是中性发问。"晚上的电影不错，我们去看电影怎么样?"问话人引导对方接受自己的建议，属引导性发问。

引导性发问是一种目的性很强的发问，它有意识地引导对方接受自己的意图，减少被问者说出拒绝或是自己不愿接受的可能性，帮助自己获得较为理想的应答结果。引导性发问因为对发问者较有利，所以在商业谈判中较为常用，在日常交际中也经常使用。

案例2-43　美国某个州的居民有个习惯：喝可可放鸡蛋。有个茶室的服务员用是非问句的形式问来喝可可的顾客："加鸡蛋吗?"销售一般。后来一位人际关系专家建议将是非问改为选择问："加一个鸡蛋还是两个鸡蛋?"结果销售额大增。

这是成功地运用引导性发问的一个典型例子，服务员仅仅将一个问句由是非问改为选择问，而使销售额大增。因为对于是非问句，回答者习惯上肯定或否定，即在"加鸡蛋"与"不加鸡蛋"之间选择；而选择问句给出预定的选项"加一个"和"加两个"，回答者无论选择哪个都是要加鸡蛋的。

运用引导性提问要注意对方所能选择的程度，如果明知对方不能，而你偏偏语气生硬，不留余地，不但不会收到预期的效果，反而会影响交际，导致失败。

（三）发问的策略与技巧

1.正确运用发问方法

发问有两种情况：一是不知而问，通过问获得信息；二是明知故问，有些问题不好明说，通过问引导对方的思路，以达到目的。常用的提问方法有直问法、曲问法、顺问法、倒问法、反问法、单问法、杂问法等。

（1）直问法。

直问即直截了当提出问题。这种发问开诚布公，方向性强，需要对方毫不含糊地作出明确答复。它可以表示信任与关系密切。

案例2-44　同学来访，你问："来杯茶?"朋友会说："好的"或者"不用了"。这是直问，但是非密切关系者慎用。你到一学校推销暑期培训项目，你直接问校长："请问你们以前做过什么暑期培训项目?"就不合适。

（2）曲问法。

曲问是旁敲侧击提出问题。交谈中直接发问会引起对方的反感或误会，致使对方不愿意回答你的问题。尤其是和陌生人交谈，这时就需要故意采取绕弯子的方法，声东击西。

案例2-45　日常生活中，男女青年交往，男青年爱慕女青年已久，但又不好意思直接问，那么男青年可问："通过一段时间的交往，我觉得和你在一起很愉快，你呢?"这样的曲问比"我爱你，你爱我吗?"直问好得多。

（3）顺问法。

顺问是按照事物的时间顺序或空间顺序发问。这样有条理性，易被人接受。

案例 2-46　　旅行社在做一个旅游产品推销会，你是推销员，要寻求客源，事先未打招呼就打电话给新顾客，可说："您好！很乐意和您谈一次，提高生活质量对您一定很重要，是不是？"这时大部分人会回答"是"。"我想向您介绍我们的×产品，这将有助于您达到您的目标，日子会过得更潇洒。您很想达到自己的目标，对不对？"……你让顾客对其推销说明中所提出的一系列问题，连续地回答"是"与"对"，等到要求签订单时，已造成有利的情况，好让顾客再作一次肯定答复。这就是顺问。

顺问要求发问者要有准确的判断力和敏捷的思维力，每个问题的提出都要经过仔细的思考，特别要注意双方对话的结构，使对方顺着发问者的意图作出回答。

（4）倒问法。

倒问是将顺序倒过来，或从中间突破，往回追溯。

案例 2-47　　有人问神父："祷告时能吸烟吗？"神父回答："不能。"另一个人问神父："吸烟时能祷告吗？"神父回答："能。"

同样一件事，只不过把次序颠倒，结果截然不同。原因在于人们往往选择后面的方案。要注意倒问不能过多，否则会影响听者思维的条理性。

（5）反问法。

反问不需要对方回答。成功的反问能使发问者在谈话中变被动为主动，掌握主动权。

案例 2-48　　一旅行团在海南旅游。一位游客不顾大局，执意和商家讨价还价，眼看就要延误启程。游客对导游说："你等我一会，这也是你的职责。"导游说："我等一会儿不要紧，但飞机不会等我们吧？"这里运用了反问。

在运用反问时要注意，发问者考虑提出的问题要与自己的身份相符，反问的强度要适中，谈话的气氛要融洽等。

（6）单问法。

单问是从单一角度出发，提单一问题。

案例 2-49　　章老师回到办公室，碰到办公室主任怒气冲冲地从办公室走出来。章老师问同事李老师："李老师，发生什么事？"这种发问目标明确，线索清晰。

（7）杂问法。

杂问是从不同角度提出若干问题。

案例 2-50　　周明竞选上了学生会主席。在竞选现场，学校校报记者采访他："你现在的心情如何？""竞选上学生会主席后，对学生会管理有什么具体规划？""你在众多选手中脱颖而出,你能对你的竞争对手说点什么吗?"同一地点、同一时间,提出了多个问题,这里运用了杂问。

杂问有难点,回答杂问的关健在于把握好发问的"度",把握得好,可引发活泼思维、丰富联想,否则抓不住重点,把握不住整体。

2.把握发问对象,巧选话题,激起谈兴

卡耐基曾说过:"听众感兴趣,是因为你的谈话内容与他们有关,与他们的兴趣有关,与他们的问题有关。"这种与听众感兴趣之事的联系,也就是与听众本身的联系,将可稳获听众的注意,并能保证沟通的畅通无阻。所以首先要充分了解发问对象的情况,如兴趣爱好等,然后选择话题。话题选择得巧,可以起到调节气氛的作用,由"要我谈"变成"我要谈"。那么,如何才能使话题选择得巧呢?

(1)选择听者熟悉与关注的话题。

发问者可以提一些听者熟悉或者关注的话题来引导他开口。比如与农民谈收成或新农村建设,与下岗工人谈再就业问题,与司机谈车的型号与性能等。

(2)给听者提供发挥的机会。

有时候被问者本来是有许多话要说的,发问者却没有给他提供机会,原因是发问策略不当。例如问服务员:"今天的石斑鱼好不好?"这问话是无效的,这是个封闭式的发问,他一定会说好。问者没有提供给对方发挥的机会。如果改为开放式问:"今天有什么好的海鲜?"那么效果就完全不同。表示问者胸无成见,不管什么海鲜,只要好便行。答者回答的范畴很广,问者可以得到大量信息。

3.精心设计问题

发问问题设计是指问什么,怎么问。设计是否合适,直接影响发问的效果。例如客人来到酒店总服务台,服务员问:"你来,你有没有预定房间?"与"您需要我帮忙吗?",这两问给听者产生的心理感受显然是不一样的。

(1)开门见山,直截了当。

这种策略运用时提问的难度一般不要太大,只要切题、到位即可,不要就同一问题反复问,并且还要注意察言观色,根据情况及时调整。发问者还要对所提的问题作必要的准备,理清自己的思路,明了自己所要达到的目的,做到心中有数。

案例2-51 有两个游客来到苏州西山游玩,游客甲下车见路边卖的西山橘子很好,一问3元钱一斤,用15元买了5斤,装在塑料袋里。

游客乙:"这橘子怎么卖?"

农妇:"3块钱一斤。"

游客乙:"3块钱一斤?人家只要两块五一斤,你的橘子又不比别人的好!"

农妇:"这样吧,我也卖两块五一斤,你要几斤?"

游客乙："我买了还没地方放，你叫我怎么办？"

农妇："我把篮子送给你就是了。"

这里游客乙开门见山，直截了当地发问。不过这种策略的应用一般是自己非常熟悉的人或者自己非常了解情况的人以及文化层次比较高、社会经验比较丰富的人。因为前者熟悉，过于客套寒暄反而显得见外，后者有相当的社会经验，适应性比较强，容易领会问者的意图。

（2）多用善言，提高效果。

有一句话说："良言一句三冬暖，恶语片言盛夏寒"，与人交流时应多使用善言，不吐恶言。曾经有一位社会心理学家做过一个实验，他选出两位相貌平平、性格内向的同学，然后选择了其他几名学生。其他几名学生的任务是看见第一位学生便夸奖他，结果表明，第一位学生果然变得开朗大方，充满自信。第二位学生依然如旧。可见良言对人是多么重要。

案例2-52   传说有两位猎人，一天每人打到了2只野兔回家，第一位猎人的妻子问猎人："你只打到2只吗？"这位猎人很不高兴地说："你以为很容易打到吗？"第二天故意空手回家。第二位猎人的妻子则非常惊讶地对猎人说："你今天居然打到2只兔子？"这位猎人很高兴："2只算什么？"第二天打了4只兔子回家。

4.善于应变谋划

语言交流是相互的，尤其是发问，相互引发，相互制约，你来我往，最后达到交流的目的。所以，在发问过程中，谁掌握发问权，谁就占住了主动权。这就需要事先进行谋划，现场又要灵活应变。或幽默应变，或穷追猛打，步步进逼。

案例2-53   有一次著名作家刘绍棠在南开大学作报告，讲到"每一个阶级的作家都是有所为有所不为的，即使是真实的东西，也是有所写有所不写的，无产阶级的文学更是如此"。这时台下有位女学生递来一张纸条，上面写着："刘老师，我觉得不应该是这样的，既然是存在的就应该表现，就应该写。"刘老师在报告结束后找到这位学生，询问她："你的学生证上有照片吗？""能给我看看吗？""我要看看你的学生证是不是贴着脸上长疮的照片？"女学生回答："长疮时谁还拍照片，怪寒碜地。"刘绍棠才回答："你不在长疮的时候拍照片，更不会把长疮的照片贴在学生证上，这说明你对自己是看本质的。因为你是漂亮的，长疮时的不漂亮是暂时的，它不是你最真实的面目。所以你不想照相留念，更不会将照片贴在学生证上。共产党的某些缺点是需要批评的，但有些事情是有特殊原因的，是涉及许多方面问题的，应由党采取措施改正。可你非把它揭露出来，这岂不是要共产党将长疮的照片贴在工作证上吗？"刘绍棠面对女学生尖锐的问题，采用了诙谐语言、形象比喻展开说理。

三、课堂训练

（一）训练情景、任务与步骤（见表2-8）

表2-8   发问技巧训练情景、任务与步骤

训练情景	乙准备买一辆两吨位的货车，下面是与销售员甲的一段对话。 　甲：你们运的货，每次重量是多少？ 　乙：很难说，大概两吨吧？ 　甲：有时候多有时候少对吗？ 　乙：对。 　甲：究竟需要哪种型号的货车，一方面要看运什么货，另一方面要看在什么路上行驶，对吗？ 　乙：对。 　甲：冬天在丘陵地区行车，汽车机器和车身所受压力比正常情况要大些，对吗？ 　乙：对。 　甲：贵公司安排冬天出车的次数要比夏天多吧？ 　乙：是的。 　甲：冬天货物多，又在丘陵地带行使，汽车经常在超负荷状态下吧？ 　乙：对，你很懂行。 　甲：你在决定买车时，是否留有余地？ 　乙：是的。 　甲：从长远看，决定买什么车的因素要考虑车的寿命，对不对？ 　乙：当然要看它的寿命。 　甲：一辆车长时间超载，一辆不超载，你觉得哪辆车寿命长些？ 　乙：当然是马力大的寿命长。我懂你的意思，好吧，我买四吨车吧。
训练任务	1.分析甲乙谈成这笔生意的关键点在哪？甲方运用了哪些提问策略？ 2.请用上述询问方式设计向一位准备买台式电脑的顾客销售笔记本电脑的问话。

训练步骤	训练内容	补充说明
步骤一	以小组为单位，研读训练情景，明确训练目的，清晰训练任务	以4人为一小组
步骤二	以小组为单位，分析完成训练任务中第一个任务	
步骤三	以小组为单位，商讨、设计完成训练任务中第二个任务	

步骤四	以小组为单位，向全班同学阐述完成训练任务的方案	教师点名小组成员阐述
步骤五	教师指定小组根据所设计方案，现场模拟推销笔记本电脑	顾客为其他小组成员
步骤六	小组成员谈模拟感受	
步骤七	顾客及其他小组谈感受及修改意见	
步骤八	教师总结点评	

（二）训练评价记录表（见表2-9）

表2-9 发问技巧训练评价记录

被评价人姓名		组别		情景角色	
评价项目		分值	小组评分（50%）	教师评分（50%）	总得分
1形象礼仪	服装、搭配、妆容	5分			
	寒暄、称呼	5分			
	握手、递名片	5分			
2.有效发问重要性理解	分析甲推销成功的要素	10分			
	分析甲发问的策略	10分			
3.有效发问技巧运用	设计方案所用发问	25分			
	小组同学模拟感受	5分			
	顾客感受	5分			
	观众修改意见	10分			
	现场模拟效果	10分			
4.小组合作表现		10分			
总　计		100分			
评价人					

备注：此考评记录表满分为100分，60～70分为合格，71～89分为良好，90分及以上为优秀。

四、自测训练

1.有位学企业管理的大学生想向当地一位颇有成就的企业老总取经。交谈的第一句话是:"请问你毕业于哪所大学?"老总回答:"对不起,我没有上过大学,我认为自学也能成才。"学生很尴尬,于是转换话题又问:"请问你有几个孩子?"老总不悦地答:"我的精力都放在了工作上了,因此,独身至今。你在我这学不到什么东西,我很忙,今天就到这儿吧?"请分析这个学生的发问合适吗?如果是你,会怎样发问?

2.假如现在你带一个团到青岛旅游,你应该怎样发问,才能了解各位游客的兴趣。

3.假如你现在是一个团队的负责人,你想听听下属对你的评价,你会怎样问下属?

◉ 任务三　　　　　　赞美技巧

一、案例分析与教学目标（见表2-10）

表2-10 **赞美技巧案例分析与教学目标**

案　例	A的同学B到A的学校看望A，A正好与C在一起，于是A把B介绍给了C。B礼貌地与C打招呼："你好。你像7个小矮人中的老大，很可爱啊！"C的脸色一下变了，瞪着眼睛对B说："你以为你是白雪公主啊！我看你是老巫婆。"说完转身离去，留下目瞪口呆的A和B	
案例分析	C为什么生气了？因为B的赞美实际没有起到赞美的效果，他以为可爱就是赞美C，但对C来说个子矮是他的一处软肋，再说男生希望得到的夸奖应该是成熟、稳重等，可爱显得幼稚。 那么，怎样赞美才是恰当赞美？赞美有哪些技巧可用？	
教学目标	知识目标	1.了解赞美的作用和原则； 2.熟练地掌握赞美技巧
	能力目标	熟练地掌握赞美技巧，并且养成赞美别人的习惯，拥有阳光心态，融洽同学间关系

二、知识储备

（一）赞美的作用

1.赞美对于人的事业、工作、人际关系等等方面帮助非常巨大

论据一：

马克·吐温曾说过："只凭一句赞美的话，我就可以充实活上两个月"。

论据二：

前任福特汽车总裁皮特森有每天写纸条称赞员工的习惯。他说："每天最重要的10分钟，就是花在鼓励员工上的时间"。

论据三：

美国"化妆品皇后"玫琳·凯有一次谈成功之道，她说她最大的长处在于善于用赞美来激励自己的员工。

论据四:

凤凰卫视的董事局主席刘长乐有一个习惯,坚持了很多年:那就是无论多忙,他每天都会对他的员工讲3句赞美的话。他认为这个习惯大大激励了凤凰卫视的士气,对他事业的帮助非常大。

2.赞美对于个人生活、家庭、爱情的帮助同样非常巨大

论据一:

哲学家詹姆士精辟地指出:"人类本质中最殷切的要求是渴望被肯定。"

论据二:

据美国一家专业调查公司的报告显示:全世界有10亿人每晚饿着肚子睡觉,却有40亿人带着空虚感入睡,因为整天未曾得到一句鼓励或肯定的话。

生活中是这样,工作中也是,下属做出成绩,上司要及时给予肯定和表扬。同事表现出色,要尽可能给予赞美,鼓励他做得更好。记住,你身边的每一个人都需要你的赞美,都在期待你的赞美,都很在乎你的赞美。

3.赞美别人有利于开阔心胸、提升自己

有些人的人际关系失败,或许是个人成长太慢,其中有个很重要的原因就是只会看别人的缺点,不善于发现别人的优点。吹毛求疵,看谁都不顺眼,身边的张三、李四、王二、麻子没一个好的。张三反应太迟钝、李四太狡猾,王二走狗屎运,麻子(不用说了)满脸的麻子,形象太丑陋。

如果经常发现别人的优点赞美别人,就能改变对他人的看法,从而能开阔自己的胸怀,还能学到他人身上的优点为自己所用。

(二)赞美的原则

1.要因人而异

人有年龄的差异、文化素质的差异等等,赞美要因人而异,突出个性,有特点的赞美比一般化的赞美能收到更好的效果。

男士们都希望通过自己努力实现自己的目标,因此可以赞扬他们的创造才能和开拓精神,如"将来一定前途无量""你的能力太强了"等。女性都比较注重外在与细节,因此可以赞美她们的外貌、气质、品位等,如"你真漂亮""你很有气质"、"你真有品位"等。老年人总希望人们记住他们以往的成绩,因此可以称赞他们引以为豪的过去,如"现在有这么好的基础,都是您的功劳""不知道哪天我可以像您一样这么有成就"等。商人可赞美头脑灵活,有眼光;干部可赞美为民谋利,廉洁奉公;知识分子可赞美知识渊博,宁静淡泊等等。

2.要及时

要做到随时发现美,随时赞美。例如有一次张老师课间休息想到办公室拿一份资

料，林同学主动提出帮他去拿。拿来的时候，张老师正和另外一同学说话，指着桌子对林同学说："放那里吧。"第二天上课的时候张老师想起这件事了，于是对全班同学说："林同学善良，有爱心，主动帮我到办公室拿资料。"林同学却不以为然地说："有没有搞错？好假！"这就是张老师赞美不及时的结果，林同学帮老师拿来了资料，却没有及时得到赞美，当时很失落，后来的弥补已经不起作用了。

3.要具体

在日常生活中，人们有显著成绩的时候并不多。因此，要善于发现别人微小的长处，并加以赞美。赞美越具体，说明你对对方越了解，对他的长处和成绩越看重。例如赞美他人说："你人很好。"不如说："你每次坐车看到乞讨的总给他们钱，你真是个善良的人。"

4.要真诚

真诚的赞美不但会使被赞美者产生心理上的愉悦，还可以使你经常发现别人的优点，从而使自己对人生持有乐观、欣赏的态度。例如老师一边改着作业，头也不抬，一边赞美身边的同学："你真是一个好助人为乐的同学。"被赞美的同学一定觉得："老师你心不在焉的，说的是真心话吗？怎么听起来不舒服啊？"

5.要适度

赞美要适可而止、相机行事，做到"美酒饮到微醉后，好花看到半开时"。例如对一位长相中等的女同学进行赞美："你长得真是美若天仙！"女同学的反应会是："你说的是我吗？"

（三）赞美的技巧方法

（1）以小事赞美对方，如：表格歪了一点点，你就重新来，做事真是认真。

（2）以第三者口吻赞美对方，如：听你班主任说，你的口才很好。

（3）以公布于众的方式赞美对方，如：告诉大家一个好消息，田宇又是这季度的销售冠军。

（4）以对方隐藏的优点为突破口赞美对方，如：没想到你的打字速度这么快。

（5）以对方新近的变化赞美对方，如：最近你和老师的交流更多了，你进步很快。

（6）以非语言方式赞美对方，如：用点头，竖大拇指表示赞赏对方。

（7）以对方相关的人与事赞美对方，如：你建议用礼堂做活动场所真是太英明了。

（8）以对方生理上的优点赞美对方，如：你长得真帅气。

（9）以对方心理上的优点赞美对方，如：你很善解人意。

（10）以对方的缺点赞美对方，如：你很富态。（对胖女士）

三、课堂训练

（一）训练情景、任务与步骤（见表2-11）

表2-11　　　　　　　　　　**赞美技巧训练情景、任务与步骤**

训练情景一	销售经理吉先生要去拜访一位素有难说话之称的商店老板。吉先生见到商店老板立刻打招呼："先生，您好！"商店老板不屑地："你是谁呀？"浩先生："我是某公司销售部经理，我姓吉，今天我刚到这里，想请教您这位远近出名的老板。"商店老板有点疑惑："什么？远近出名的老板？"吉先生："是啊，根据我听到的情况，大家都说这个问题最好请教您。"商店老板面露喜色："哦！大家都在说我啊！真不敢当，到底什么问题呢！"吉先生为难地说："实不相瞒，是……"商店老板客气地："站着谈不方便，请进来吧！"
训练情景二	这天天很热，徐先生下班后乘公交车回家。车上人很多，徐先生上车后，司机对徐先生大声说道："往后面走，到后面去。"徐先生见根本挤不动，生气地说："后面有位置吗？你给个位置我就到后面去！"司机也不示弱："你坐我这个位置？"徐先生火气更大："可以啊，开得不一定差。"这时司机却说："大哥，您是坐车的命，我们是开车的命，苦！"徐先生火气立刻全消
训练情景三	张老师经常到一家餐厅去用餐，所以服务员对他都比较熟悉。一进去，服务员就嘘寒问暖："张老师，看到您太高兴了，您今天穿得太精神了，我觉得您特别会穿衣服，您什么时候也教教我怎么搭配衣服？"服务员一边寒暄，一面把张老师领进去了。张老师一坐下，服务员又开始赞美客人："张老师，我觉得您的领带很好看，是在什么地方买的，我正想买一条领带，您什么时候也给我挑挑，或者给我提供一些好的建议。"
训练任务	1.找出以上情景中的赞美语言； 2.分析以上情景中的赞美运用了怎样的技巧； 3.运用上文知识点中的赞美技巧对你的同学进行赞美

训练步骤	训练内容	补充说明
步骤一	以小组为单位，研读训练情景，明确训练目的，清晰训练任务	以五人为一小组
步骤二	小组商讨任务一、二，并做好记录，确定发言同学	
步骤三	一位同学代表小组对任务一、二的小组商谈作总结发言	
步骤四	小组同学之间运用赞美技巧相互赞美	
步骤五	教师任意点名一位同学，请他对班级其他同学进行当面赞美	教师可以快速调换被赞美同学，训练赞美同学的反应能力与赞美技巧的灵活运用
步骤六	被赞美同学谈感受	
步骤七	教师总结	

（二）训练评价记录表（见表2-12）

表2-12 　　　　　　　　　　赞美技巧训练评价记录

被评价人姓名		组别		情景角色	
评价项目		分值	小组评分（50%）	教师评分（50%）	总得分
1.课堂礼仪：服饰、妆容		10分			
2.赞美作用理解	交流训练情景中的赞美语言	10分			
	分析情景训练中的赞美技巧	10分			
3.赞美语言与技巧运用	赞美同学语言、技巧	30分			
	被赞美同学感受	10分			
4.小组合作表现	小组成员相互赞美语言、技巧	20分			
	小组交流和谐	10分			
总计		100分			
评价人					

备注：此考评记录表满分为100分，60~70分为合格，71~89分为良好，90分及以上为优秀。

四、自测训练

1.将案例与分析中错误赞美改成正确赞美。

2.你是一位办公室文员，老板今天让你接待一位客户，见面后你发现这位客户竟然是你高中同学，当年你考上了大学，他落榜了。可现在他经过努力，拥有一家注册资金100万元企业。你该怎样赞美他？

3.请你以身边的朋友、同学、老师、实习客户等为对象，按照下列赞美提示语言，对他们进行赞美。

朋友、同学、老师、客户等：常受照顾，谢谢您；对我们帮助很大。

商人：生意每天都这么兴旺！好极了！

被赞美人所属物品：领带花纹很适合啊！车子何时看都很清洁喔！

被赞美人出生地：绿地很多；清静好地方。

被赞美人工作：很好的工作，真羡慕您！

被赞美人家庭：你的孩子多有出息呀！你真幸福！

被赞美人兴趣：听音乐可是高雅的活动！踢足球充满活力！

任务四　　　　　倾听技巧

一、案例分析与教学目标（见表2-13）

表2-13　　　　　　　　　倾听技巧案例分析与教学目标

案　例	蒋先生今天很忙，离下班还有10分钟，想坐下来喝口水，却又有下属找他反映情况。这时蒋先生接到妻子方女士的电话。方女士："老公，我已经下班到家了，晚餐你想吃什么？"蒋先生："你做什么都行吧。"方女士："做你爱吃的清蒸鱼怎么样？"蒋先生："你看着吧，我还有点事。"方女士："怎么叫我看着办呢？我征求你意见呢！"蒋先生："我还有点事，回来再说。"说完把电话挂了。方女士拿着话筒很生气	
案例分析	方女士与蒋先生的这次电话交流显然不通畅，没有达到方女士预期的交流目的。原因在于方女士在交流过程中只注意了自己信息的给出，忽略了对方所给的信息，也就是没有注意倾听。蒋先生已经表示手头有点事需要处理，方女士却只注意了蒋先生给出的前半句"你看着办吧"，由此造成误会。可见倾听也是沟通中的重要环节	
教学目标	知识目标	1.了解倾听的概念与内容； 2.了解影响倾听效果的障碍因素； 3.掌握正确倾听的方法与技巧
	能力目标	学会更好地倾听，养成良好的沟通习惯

二、知识储备

（一）倾听概念与内容

1.概念

倾听是一种情感的活动，它不仅仅是耳朵能听到相应的声音，还需要通过面部表情，肢体语言，用语言来回应对方，传递给对方一种你很想听他说话的感觉。在倾听时应该给对方充分的尊重、情感的关注和积极的回应。

2.内容

根据倾听的效果，可以把倾听分为三类。第一类，听者完全没有注意说话人所说的话，假装在听其实却在考虑其他毫无关联的事情，或内心想着辩驳。他更感兴趣的不是听，而是说。这样的倾听不可能有效，结果必然导致沟通堵塞。第二类，听者仅关注说话者所说内容的字词意义的理解，并不留意说话者的语调、身体姿势、手势、面部表情和眼神所表达的意思。这样的倾听可能会导致误解、错误的举动、时间的浪费和对对方情感的忽略。第三类，听者在内心总结已经传递的信息，质疑或是权衡所听到的话，或者有意识地注意非语言线索，他们的总体宗旨是带着理解和尊重倾听，这样的倾听是比较有效的倾听。据此，倾听的内容包括听事实与听情感两个方面。听事实是指倾听时要注意对方在说些什么。听情感是指听清对方说事实时，还应该考虑对方的感受是什么，需不需要给予回应。

案例2-54　A对B说："我昨天看中一套房子，决定把它买下来。"B说："哦，是吗？在哪儿呢？恭喜你呀。"A看中了房子，想买下来，这是一个事实，B问房子在哪，这是对事实的关注，是听事实。A把事实告诉B，是因为他渴望B与他共同分享他的喜悦和欢乐。作为B，"恭喜你"就是对A的情感关注，这就是听情感。

（二）影响倾听效果的障碍因素

在倾听的过程中，如果人们不能集中自己的注意力，真实地接收信息，主动地进行理解，就会产生倾听障碍，造成信息失真，形成沟通不畅。那么影响倾听效果的因素有哪些？

1.环境干扰

环境对人的听觉与心理活动有重要影响，环境中的声音、气味、光线以及色彩、布局，都会影响人的注意力与感知。布局杂乱、声音嘈杂的环境将会导致信息接收的缺损。

2.信息质量低下

双方在试图说服、影响对方时，并不一定总能发出有效信息，有时会有一些过激的言辞、过度的抱怨，甚至出现对抗性的态度。现实中我们经常遇到满怀抱怨的顾客，心怀不满的员工，剑拔弩张的争论者。在这种场合，信息发出者受自身情绪的影响，很难发出有效的信息，从而影响了倾听的效率。信息低下的另一个原因是，信息发出者不善于表达或缺乏表达的愿望。例如，当人们面对比自己优越或地位高的人时，害怕"言多必失"以致留下坏印象，因此不愿意发表自己的意见，或尽量少说。

3.倾听者主观障碍

在沟通的过程中，造成沟通效率低下的最大原因就在于倾听者本身。研究表明，信息的失真主要是在理解和传播阶段，归根到底是在于倾听者的主观障碍。倾听者个人的主观障碍主要有以下几点。

（1）个人偏见。

即使是思想最无偏见的人也不免心存偏见。

案例2-55　　在一次国际会议上，以色列代表团的成员们在阐述其观点时，用了非常激烈的方式，他们抱怨泰国代表对会议不表示任何兴趣或热情，因为他们"只是坐在那里"，而泰国代表则认为以色列人非常愤怒，因为他们"用了那么大的嗓门"。

所以，在团队中成员的背景多样化时，倾听者的最大障碍就在于自己对信息传播者有偏见，而无法获得准确的信息。

（2）先入为主。

第一印象往往决定了将来，人们在倾听过程中，对对方最先提出的观点印象最深刻，如果对方最先提出的观点与倾听者的观点大相径庭，倾听者可能会产生抵触的情绪，而不愿意继续认真倾听下去。

（3）自我中心。

人们习惯于关注自我，总认为自己才是对的。在倾听过程中，过于注意自己的观点，喜欢听与自己观点一致的意见，对不同的意见往往是置若罔闻，这样往往错过了聆听他人观点的机会。

（三）提升倾听能力的技巧

1.永远都不要打断对方的谈话

人们在说话交谈过程中，都不希望不喜欢自己说话时被人打断。打断说话者说话有有意识与无意识两种情况。如果听者无意识地打断说话者是可以理解的，但也应该尽量避免。而有意识地打断别人的谈话，对于说话者来讲是非常不礼貌的。当听者有意识地打断一个人说话，被打断者会以同样的方式来回应，最后你们两个人谈话就可能变成了吵架。因此有意识地打断是绝对不允许的。

2.清楚地听出对方的谈话重点

当你与对方谈话时，如果对方正确地理解了你谈话中的意思，你一定会很高兴。至少他知道你成功地完成了我们上边所说的"听事实"的层面。能清楚地听出对方的谈话重点，也是一种能力。因为并不是所有人都能清楚地表达自己的想法，特别是在不满、受情绪的影响的时候，经常会有类似于"语无伦次"的情况出现。而且，除了排除外界的干扰，专心致志地倾听以外，你还要排除对方的说话方式给你的干扰，不要只把注意力放在说话人的咬舌、口吃、地方口音、语法错误或"嗯""啊"等习惯用语上面。

3.适时地表达自己的意见

谈话必须有来有往，所以要在不打断对方谈话的原则下，适时地表达自己的意见，这是正确的谈话方式。这样做还可以让对方感受到，你始终都在注意地听，而且听明白了。还有一个效果就是可以避免你走神或疲惫。可以用"请接着说下去""这件事你觉得怎么样？""还有其他事情吗？"等使对方谈兴更浓。

4.肯定对方的谈话价值

在谈话时，即使是一个小小的价值，如果能得到肯定，讲话者的内心也会很高兴的，同时对肯定他的人必然产生好感。因此，在谈话中，一定要用心地去找对方的价值，并加以积极的肯定和赞美，这是获得对方好感的一大绝招。比如对方说："我们现在确实比较忙"，你可以回答："您坐在这样的领导位子上，肯定很辛苦。" 倾听时不要挑对方的毛病，不要当场提出自己的批判性意见，更不要与对方争论，尽量避免使用否定别人的回答或评论式的回答，如"不可能""我不同意""我可不这样想""我认为不该这样"，等等。应该站在对方的立场去倾听，努力理解对方说的每一句话，并可以对他人的话进行重复。

5.配合表情和恰当的肢体语言

当你与人交谈时，对对方活动的关心与否直接反映在你的脸上，所以，你无异于是他的一面镜子。光用嘴说话还难以造成气势，所以必须配合恰当的表情，用嘴、手、眼等各个器官去说话。但要牢记切不可过度地卖弄，如过于丰富的面部表情、手舞足蹈、拍大腿、拍桌子等。

6.避免虚假的反应

在对方没有表达完自己的意见和观点之前，不要做出比如"好！我知道了""我明白了""我清楚了"等反应。这样空洞的答复只会阻止你去认真倾听客户的讲话或阻止客户的进一步的解释。在对方看来，这种反应等于在说"行了，别再啰唆了"。如果你恰好在他要表达关键意思前打断了他，被惹恼了的客户可能会大声反抗："你知道什么？"那就不愉快了。

7.积极回应

积极回应是指听者耐心倾听，理解并接受对方，却并不加以批评，对方必然会对自己充满信心，更愿意和听者交往，对听者所说的话更感兴趣。如一个小孩割破了手指，开始大哭着说："很疼。"这时回应："这并不是什么大的伤口。""别哭了！没那么疼的。"都不会让对方觉得你理解他，接受他。而回应："你的手指真的很疼啊？"这是一种积极回应，对方的感情得到了充分的表达，对方会觉得平静放松，沟通就畅达。

8.巧妙应对可能出现的状态

（1）听时怎么表态？听者可以通过点头，或说"哦""对""好""然后呢？""这样啊，这点不明白，可否说清晰一点？"等方式来作简单而不干扰的回应。

（2）对方说不完怎么办？如果对方说话很长，说不完，你可以问："简单来说，你的意思是……"

（3）听者忍不住要表达怎么办？那是因为听者自己的表现欲超越了交流本身,这时问问自己：我的话，对于这段交流真的有意义吗？是想表现一下，还是真的有疑问？

（4）对对方的话题不感兴趣怎么办？如果对方的谈话话题让听者不感兴趣，可以委婉地转换话题，可以说："我想我们是不是可以谈一下关于……的问题？"

三、课堂训练

（一）训练情景、任务与步骤（见表2-14）

表2-14　　　　　　　　　　**倾听技巧训练情景、任务与步骤**

训练情景	对话一： 　　妻子（回到家，往沙发上一坐）：今天好累，一下午跑了三次银行，见了两个客户，还没谈成。又被经理说了一通，烦死了！ 　　丈夫：别理经理，跟那种人生气不值得。 　　妻子：不理他怎么行！他把我辞了怎么办？你说得倒轻巧。 　　丈夫：辞了就辞了，干嘛非得卖保险。 　　妻子：辞了你能养活我！好歹我一个月也能有三四千的收入，你能挣多少？ 　　丈夫：你嫌我挣得少你找别人去啊，你怎么跟我过日子？ 　　（吵架开始） 对话二： 　　妻子（回到家，往沙发上一坐）：今天好累，一下午跑了三次银行，见了两个客户，还没谈成。又被经理说了一通，烦死了！ 　　丈夫：怎么回事？先喝口水再说。 　　妻子：哎！客户没签到，经理又说了一通。 　　丈夫：你真不容易，家里你挣得多，这几年难为你了。 　　妻子：两夫妻说什么难为不难为的，家里的家务、孩子上学不都是你操心吗！ 　　（两人一团和气）

续表

训练任务	1.分析对话一两人为什么会吵架，问题出在哪里？ 2.分析对话二两人沟通好在哪里，你受到的启发是什么？ 3.回忆以往沟通过程中因倾听不当引起沟通不畅的故事，并分析原因	
训练步骤	训练内容	补充说明
步骤一	以小组为单位，研读训练情景，明确训练目的，清晰训练任务	五人为一小组进行分析讨论
步骤二	小组商讨完成三个训练任务，并做好发言记录	
步骤三	每个小组轮流派代表发言，首先阐述训练任务中前两个问题，再分享自己因倾听不当影响沟通的案例	其他小组作好记录
步骤四	就同学分享的案例指出阻塞沟通的原因，并提出修改意见	全班有秩序地自由举手发言
步骤五	教师点评	

（二）训练评价记录表（见表2-15）

表2-15　　　　　　　　　　**倾听技巧训练评价记录**

被评价人姓名		组别		情景角色	
评价项目		分值	小组评分（50%）	教师评分（50%）	总得分
1.课堂礼仪：服饰、妆容		10分			
2.倾听重要性理解	分析夫妻吵架原因	10分			
	分析夫妻和谐相处的要素	10分			
	交流启发	10分			
3.良好的倾听习惯	分享亲身案例	10分			
	分析案例中倾听存在的问题	20分			
	交流修改案例中不当倾听的方式建议	20分			
4.小组交流和谐		10分			
总计		100分			
评价人					

备注：该评价记录表满分为100分，60～70分为合格，71～89分为良好，90分及以上为优秀。

四、自测训练

1．小姜出差在外，很惦记家里的丈夫和女儿，于是打电话给丈夫想和他聊聊。下面是他们的对话。

小姜："你在单位还是在家？"

丈夫："我上班啊！"

小姜："女儿的学习怎么样了？她的钢琴最近弹得怎样？"

丈夫："有一节课的谱子她不会。"

小姜："她不会你怎么不早说？我不问你就不说了！你这个人怎么这样！"

丈夫："你还有什么事？"

小姜："难道我要有事才能给你打电话？你自己不主动给我打电话，我打电话给你你还这样的口气！"

丈夫："你究竟想怎么样！我上班呢。"

丈夫把电话挂了，小姜愣了。

你认为上述案例中倾听有问题吗？不当之处在哪里？对倾听做出怎样的反应比较好？

2．记录整理三个你认为是同学之间因倾听不当造成沟通不畅、形成误会的案例，在同学之间展开讨论，分析倾听不当的原因，并且找出解决办法。

任务五　　　　　　说服技巧

一、案例分析与教学目标（见表2-16）

表2-16 **说服技巧案例分析与教学目标**

案　例	对话一： 　　A公司帮顾客设计网页，网页的主要色调是红色的，但顾客提出要蓝色的。如果返工，人力物力都会有影响。公司派出客户部小王与顾客沟通。 　　顾客：怎么是红色的？我要蓝色的。 　　小王：哦，这样啊！能告诉我为什么不要红色的吗？ 　　顾客：红色的不好看，太显眼。 　　小王：您做网站的目的是宣传你们公司的产品，是不是？ 　　顾客：是的。 　　小王：那您是想让顾客容易记住你，还是记不住您？ 　　顾客：当然要容易记住啦。 　　小王：请问人在看东西的时候是兴奋的时候更容易记住，还是平淡的时候容易记住？ 　　顾客：当然兴奋的时候容易记住。 　　小王：请问红色是不是让人兴奋？蓝色让人安静？ 　　顾客：对。 　　小王：所以用红色更能达到宣传的效果是不是？ 　　顾客：好象有点道理。 对话二： 　　现在顾客需要红色的，下面是小王与顾客的对话。 　　顾客：怎么是蓝色的不是红色的？ 　　小王：为什么要用红色的呢？ 　　顾客：红色能让人兴奋，更容易记住呀。 　　小王：您说的对，可是红色容易让人产生视觉疲劳，是不是？ 　　顾客：是的。 　　小王：人们看网站，看的是文字而不是颜色是不是？ 　　顾客：是的。 　　小王：红色把注意力分散了，人们眼睛的注意力转到了颜色而忽视了文字是不是？ 　　顾客：是的。 　　小王：就像电视机一样，你见过彩色外壳的电视机吗？ 　　顾客：没有。 　　小王：是因为彩色的容易框住视线。产生视觉疲劳是不是？ 　　顾客：是的。 　　小王：所以蓝色会比较适合是不是？ 　　顾客：有道理

案例分析		小王的两次说服都成功了，他采用了事物的优点和缺点来说服，顾客说优点小王就说缺点，顾客说缺点小王就说优点，相互转换，说明说服他人是有技巧的
教学目标	知识目标	1.了解说服的含义以及在沟通中的作用； 2.掌握说服常用的技巧
	能力目标	能够恰当运用说服技巧，达到有效沟通的目的

二、知识储备

（一）说服的含义和作用

1.说服的含义

说服，就是在沟通交流过程中用理由充分的话使对方心服，改变其原有的观点、态度或行为，并且是朝说服者指定的方向改变的一种沟通方式。

2.说服的用途

不管是文化相对落后、只能靠面对面直接传播去影响他人的古代，还是科技高度发展、大众传播的现代社会，不管是团体、单位，还是个人，说服都有着不可估量的作用。

说服可以实现既定的目标。在说服的过程中，说服者运用各种技巧，使对方接受自己的观点，从而达成共识，使自己既定目标得以实现。在商战中实现利润，在外交中和平共处。

说服可以扩大团体或个人的影响。在说服的过程中，团体和个人影响力得以扩大，并在公众中树立自己的形象，收到很好的传播效果。

说服可以更大限度地发挥说服者个人潜能。说服需要个人高尚的品德和高超的说服技巧，以及了解听众的性格特征、心理状况、生活习惯、社会背景等情况，所以说服过程也是一个学习和提高的过程。说服者个人的潜能能够在说服的过程中被最大限度地激发出来。

（二）说服常用的技巧

1.呈现利害

呈现利害就是将利益与不当清晰地呈现在说服对象面前，让对方自己权衡利弊得失。说服于对方有利，即对方可以从中获得金钱、名利、价值认同等利益，对方自然就认同说服者的观点。

案例2-56　艾琳与玛丽同去三亚旅游。第二天艾琳想租船去一个小岛游玩，玛丽因当天玩得太累，第二天想休息。艾琳对玛丽说："你看，船我已经租好了，我出费用，我一个人也是这么多钱，两个人也是这么多；我们既然出来玩了，在宾馆休息一天多没意义，既费时间又费钱；再说我们明天上午去，在岛上吃过饭就回来了，下午太阳毒的时候就可以调整休息了。怎么样？去吧？"玛丽："你说的也是。好吧，去。"艾琳将去小岛游玩的三个好处呈现在玛丽面前，玛丽接受建议，艾琳的说服成功。

2.赋予选择权

人们都希望自己对事情有选择的权利，在说服过程中让对方觉得自己拥有了充分自由的选择权，比让对方强制性地表面顺从要好得多。

案例2-57　　曾有研究者在大街上采用A、B两种说服方式，随机说服逛街的民众给予自己帮助。A是这样说的："你好。不好意思。请问可以借我一点零钱搭乘公交车吗？"B是这样说的："你好。不好意思。请问可以借我一点零钱搭乘公交车吗？你可以给或不给，没关系的。"实验结果是B方式得到帮助是A方式的一倍多，原因是B方式没有任何的诱惑条件，只是给予对方自由的选择权。

3.投入情感

投入情感就是与对方先进行感情沟通，动之以情，以情感人，才能打动人心。感情上投合了，道理也就容易谈得拢了。

案例2-58　　公元前266年，赵国国君惠文王死了。秦国乘机进犯。赵向齐国求救，齐国提出，要惠文王的儿子长安君入齐作人质，方肯出兵。摄政的赵太后最溺爱长安君，不肯让长安君作人质。群臣劝谏，她以为群臣为了自己的身家性命而牺牲她儿子，因而抵触情绪很大。她宣布："有谁胆敢再说要长安君作人质，就吐谁一脸口水。"这时，左师触龙一歪一斜地上朝来了。于是他和太后之间就有了这样一段对话：

触龙：臣脚有毛病，很久没有来请安了，但一直挂念着太后的身体，今天特地来看看您。

太后：我也老了，要靠车子代步了。

触龙：每天吃饭还好吗？

太后：只是吃些粥。

触龙：我吃的东西也不多，常常出来散散步，胃口就好些。不过，我还是想在我死前，向太后求个情，希望能让我的小儿子在宫里有个事做。

太后：哦。想不到男人也这么疼儿子。

触龙：比女性还厉害呢。

太后：哪里话，还是女人疼儿子厉害。

触龙：我觉得太后就对女儿偏心。

太后：错了，我疼儿子长安君比疼女儿燕后多。

触龙：不见得吧。父母疼孩子，必须为他们作长远打算。您把女儿嫁到燕国，虽然悲伤，但您并不盼她回来，因为您希望她有子有孙，世代为王。看您替女儿想得多长远啊！您对长安君的考虑就没有那么长远了。

太后：何以见得？

触龙：您看赵国建立200多年，除去现在三代之外，过去赵家子孙有谁还能继承王位？

太后：没有。

触龙：其他国家呢？

太后：也没有听说过。

触龙：这就大有文章了。由于世袭，地位很高，俸禄优厚。但由于没能为国家建立过功勋，所以国人不服。他们未经锻炼，缺乏经验而又执掌大权，这就更危险了。他们俸禄虽厚，地位虽高，但这一切都很脆弱，容易被人攻击。所以您看到了，不少人不但自己招来杀身之祸，还连累子孙。您爱长安君，但却不设法让他为国出力，建立功勋。有了报效国家的机会，您还白白放过。请问太后，您百年之后，让他凭什么在国中立足呢？所以我冒昧地说：太后对儿子没有对女儿想得周到长远。

太后（恍然大悟）：你说得对极了。长安君的去留就由你安排吧。

触龙先动情后说理，这个故事是用以情动人的方式进行说服的典型。

4.给予面子

给予听者面子是表示对听者尊重的一种说服方式，人人都有要得到他人认同与尊重的愿望与需求，说服者满足对方的这种愿望与需求，说服就顺利得多。

案例2-59　　鹏先生是一家百货公司的经理，一次固定供货商送货太迟，鹏先生向对方送货员小魏发火："你这时候才送货来，还想收钱？我的老主顾买不到你们的货，跑到其他地方去买了。这次害我亏了不少钱，你知不知道！"小魏见鹏先生发火，立即道歉说："鹏先生，是我们的错，货送得太迟了，真对不起。别人因买不到我们的货而着急，说明我们的货在您这里卖得好。难怪您会不高兴，换成我也会发火，我很了解您现在的心情。"鹏先生听了不说话了。小魏见鹏先生表情舒缓了许多，又接着说："鹏先生，到底送迟了多久？损失了多少钱啊？请你回忆一下我们以前出现这样的情况吗？我好回去向老板汇报，进行改正。"鹏先生仔细一想，发觉对方只有这一次迟延，不由对刚才发那么大的火有点不好意思。这时候小魏向他说明："鹏先生，这一次货送得迟，是因为制造商赶不出货。不过，这次是很特殊的，以后不会再发生这种事情了。"鹏先生也不追究、不生气了。

小魏面对鹏先生的责问，没有直接解释原因，而是先给对方面子，让其消火，然后才说服鹏先生，避免了一场冲突。

5.采用事实

即以事实为基础，"让事实本身来说话。"将结论隐藏在事实之中，让听众自己推论出来。这样做好处很多：一是避免了公开教育听众的尴尬，谁愿意被公开教导呢？二是可信性强，事实胜过雄辩。三是诱导听众主动参与，对于共同得出的结论也殊感珍贵。四是生动、典型的事实可迅速在人的头脑中建立一个形象的支撑点，留下深刻印象。

案例2—60　　美国国会议员彼得·金召开听证会，调查在美穆斯林激进化问题之前，国会议员凯斯·埃里森认为穆斯林受到了听证会的不公正聚焦，于是对媒体讲述了为解救双子塔中的被困人员，在"9·11"事件中牺牲的阿拉伯裔消防员默罕默德·所罗门·哈姆达尼的故事。

埃里森用事实说服人们不要因为哈姆达尼的宗教信仰而忽视他为国家做出的牺牲。

6.以退为进

俗话说"四两拨千斤"，就是指当观点冲突激烈之时，不妨采用退一步的方法，以柔克刚，也能达到说服的效果。

案例2—61　　魏征是唐朝著名的忠臣，并且敢于直谏。有一次在朝堂上与唐太宗发生争执，唐太宗非常生气。唐太宗回到后宫，气呼呼地对长孙皇后说："总有一天，我要杀了这个乡巴佬！"长孙皇后忙问："这个乡巴佬是谁？"太宗依然生气地说：'当然是魏征，他当着众臣的面侮辱我，让我很难堪！"长孙皇后听了没说话退了下去。一会儿，长孙皇后换了朝服恭恭敬敬地来到太宗面前，向他叩拜道贺。太宗疑惑地问："这是什么意思？"长孙皇后恭敬地说："我听说只有明君才有忠直的臣子，现在魏征敢于直言进谏，因为陛下贤明，我怎能不道贺呢！"太宗听后转怒为喜，重用魏征。

长孙皇后采用了以退为进、以柔克刚的说服方法。假如长孙皇后直接对太宗说：你不应该这样，魏征是为了陛下的利益等等，不但不能说服太宗重用魏征，反而会更加激怒太宗。

7.运用激将法

"请将不如激将"，每一个健全的人，都有一种争胜的欲望，在说服人去做某一件事的时候，如果能想出一种挑战，激发他们自尊心、自信心，引起他竞争的欲望，则能收到积极的效果。

案例2—62　　罗斯福被推举为纽约州州长候选人，反对派发现他已不是纽约州的合法居民，于是强烈要求废除他州长候选人的资格。罗斯福准备退出竞选，罗斯福的一位朋友对罗斯福说："罗斯福先生，我欣赏你的明智，你现在退出竞选是及时的，因为竞选从来是强者的激烈竞争，勉强参加竞选，是经不起严峻考验的。"罗斯福听完大叫起来："难道圣巨恩山的英雄竟是一个软蛋吗？"

这一激将使罗斯福知难而上，当了纽约州州长，后来又当了美国总统。

8.制造稀缺

说服过程中，给对方制造一种稀缺的感觉，对方会觉得如果不立即行动就会失去机会，迫使对方接受说服者的观点、态度或行为指向。

案例2-63　刘镇长负责全镇的养殖产业，他发现养斗鸡比养普通鸡收益高，因此鼓励村民养殖斗鸡，并且为村民解决了斗鸡销售渠道。但老养殖户刘民却不愿意改养斗鸡，坚持自己养殖普通鸡生蛋、售蛋的方式。刘镇长于是去说服刘民，他对刘民说："老刘啊！你看现在全村除了你都养斗鸡，我看你的鸡会有问题啊。"刘民瞪着眼说："有什么问题？"刘镇长耐心地说："你看，你独养普通鸡。村里斗鸡多，你的鸡会不会被斗鸡斗死？还有，你的鸡由于孤独也长不大，下不了蛋。再有，斗鸡现在不愁销路，鸡蛋价格可是一天一天往下掉。往后你再想养斗鸡，就落在别人后面了。你考虑过没有？"这一番话终于说服刘民改养斗鸡了。

刘镇长在说服的时候，告诉对方这是一个独一无二的最有利方案！

9.认同观点

首先认同对方的观点，让对方觉得双方的观点是一致的。再引导对方转向自己的观点，最后达到说服的目的。

案例2-64　俄国十月革命胜利后，赤卫军占领冬宫，看见墙上挂的沙皇、皇后和大公们的油画就群情激奋，要烧掉。这时列宁说："你们说得对，这些油画该烧。这些人过去吃你们的肉，喝你们的血，自己却想把自己的形象传给后代，用这些油画为自己树碑立传。你们想把这些油画烧掉是完全有理由的。"赤卫军看到列宁站在他们这一边，很高兴，就要动手。列宁又说："我们现在不忙烧，反正这些东西已经在我们手里了，什么时候烧掉它都可以，也许开了大会当众烧，比现在烧更有意义。"赤卫军一听有道理更高兴了，不再动手。列宁看大家都平静了下来，又向他们提出问题："这些油画你们看画得好不好？"群众说："画得是很好。"列宁又问："这些画你们知道是谁画的吗？"有人就说出俄国许多大画家的名字。列宁又问："我们可以不可以把这些画连同冬宫保存下来，作为这些吸血鬼一方面压迫人民，一方面过奢侈生活和想为自己树碑立传的证据？"大家都异口同声说好。

列宁就这样，先认同了对方的观点，再一步一步地说服了对方。

（三）说服的原则

1.原则性和灵活性统一

在说服的过程中，要坚持自己的原则，不能因为想迎合对方而放弃自己的原则、观点，在坚持原则的前提下，注意技巧应用的灵活性，即原则问题绝不让步，非原则问题可以作一定让步。

2.尊重对方，不要以势压人，不要证明自己高明，而对方错了

如果不尊重对方，势必引起对方反感和抵触情绪，其结果会适得其反。

3.技巧不是万能的，立场态度也很重要

古人说得好："巧舌加诚意，世上无难事。"我们要保证自己有正确的立场、态度，要有诚意；否则，再高明的技巧也于事无补。

三、课堂训练

（一）训练情景、任务与步骤（见表2-17）

表2-17 说服技巧训练情景、任务与步骤

训练情景	美国一家电器公司的推销员汤姆森到一家不久前才发展的新客户处，希望再推销一批新型的电机。他一到这家公司，公司总工程师劈头就问："汤姆森，你还指望我们再买你们的电机吗？"原来公司认为刚刚从汤姆森那里购进的电机发热超过了正常标准。 见此情景，汤姆森说："好吧，总工程师先生，我的意见和你的相同，假如那电机发热过高，别说再买，就是买了的也要退货，是吗？"总工程师果然坚定地说："是的!" 汤姆森："自然，电机是会发热的。你当然不希望它的热度超过全国电工协会规定的标准，是吗？" 总工程师："是!" 汤姆森："按标准，电机的温度可比室温高72℃，是吗？" 总工程师："是的。但是你们的产品比这高得多，简直叫人没法用手去摸，难道这不是事实吗？" 汤姆森："你们车间的温度是多少？" 总工程师略思索一下，回答："大约75℃。" 汤姆森拍拍对方肩膀说："好极了! 车间是75℃，加上应有的72℃，一共是140℃左右。如果你把手放进140℃的热水里，是否会把手烫伤呢？" 总工程师不情愿地说："是的。" 汤姆森接着说："那么，以后你就不要用手摸电机了。放心，那完全是正常的!"
训练任务	1.分析汤姆森用了什么样的说服技巧。 2.列举一个日常生活中碰到的没有解决的矛盾，试着用上述方法进行说服，看看效果如何

训练步骤	训练内容	补充说明
步骤一	以小组为单位，研读训练情景，明确训练目的，清晰训练任务	五人为一训练小组

步骤二	小组讨论汤姆森的说服技巧，并做好记录	
步骤三	设计运用汤姆森说服方法解决生活中矛盾的案例	小组成员每人说一个没有解决的矛盾，从中挑选一件作为案例
步骤四	讲述案例，阐述解决矛盾的方案	
步骤五	根据案例情景，分配角色，模拟说服过程	其他同学观看、记录
步骤六	其他小组成员点评说服效果	
步骤七	教师总结点评	

（二）训练评价记录表（见表2-18）

表2-18 **说服技巧训练评价记录**

被评价人姓名		组别		情景角色	
评价项目		分值	小组评分（50%）	教师评分（50%）	总得分
1.课堂礼仪：服饰、妆容		10分			
2.说服重要性理解	分析汤姆森的说服技巧	20分			
	讲述案例	10分			
3.说服技巧运用	阐述案例矛盾解决方案	20分			
	模拟说服表演	10分			
	设计方案效果	10分			
	点评说服技巧运用	10分			
4.小组合作和谐		10分			
总计		100分			
评价人					

备注：该评价记录表满分为100分，60～70分为合格，71～89位分为良好，90分及以上为优秀。

四、自测训练

1.小黄同学是某高职院校13级市场营销专业学生，平时常常在宿舍睡觉，不去上课。班长小米同学为了不让小黄同学受处分，在期末系里统计学生旷课数量时，隐瞒小黄同学的旷课数量。结果，小黄同学期末考试第一门课程就不去考。小米觉得问题严重了，一方面要向老师汇报情况，一方面要和小黄同学谈一谈，说服他去参加剩下课程的考试。可小黄同学根本不理会小米，如果你是小米，你怎样说服小黄同学参加期末考试？

2.A大学学生会开展一项"上课不玩手机"倡议活动，作为学生会主席的你觉得有责任、有义务要求自己班里的同学上课不玩手机，好好听课。可是你的同桌兼好友偏不给你面子，上课继续玩手机。你应该采用什么方法说服他？

3.A同学与B同学是好友，都是某高职院校大三的学生，还有一年就要毕业了。可A同学突然要退学回家结婚，B同学觉得她的行为不可思议，是得不偿失的，她觉得自己作为好友，一定要和A同学好好谈谈，说服她放弃这个念头。那么你认为B同学应该怎样和A同学交流，A同学才有被说服的可能性。

模块三

职场礼仪与沟通任务训练

项目一

> ## 求职应聘

一、案例分析与教学目标（见表3-1）

表 3-1　　　　　　　　　　　　　**求职应聘案例分析与教学目标**

案　例		江南某服装公司到周伟所在的学校招聘推销员，周伟是学市场营销的，觉得是个好机会，决定去应聘。周伟迅速收集了这家公司的有关资料：这家公司由两位农民裁缝于10年前创建；公司生产的衬衫品牌已小有名气，目前市场销路依然看好；公司决定扩大再生产，欲在制衣外寻求更大发展；根据工作具体情况，一般员工的年底薪为3万元至5万元。周伟应该如何准备应聘？招聘小组应该如何设问才能找到合适人选
案例分析		要做好这次应聘，周伟首先应该注意个人的职业形象礼仪，并且准备好自我介绍的文稿，掌握面试的沟通技巧。作为招聘小组，应该对面试会场进行恰当布置，并设计好面试交流的问题
教学目标	知识目标	1.了解求职应聘的形式、程序； 2.掌握求职应聘过程中的相关礼仪
	能力目标	1.掌握求职应聘的语言沟通技巧； 2.掌握求职应聘过程中见面、电话的礼仪； 3.能够恰当布置招聘现场

二、知识储备

求职应聘就是自我介绍并表达得到职位的愿望，一般是在对应聘单位有所了解的前提下，经过深思熟虑向招聘者"推销"自己。

（一）求职应聘的种类及方法要点

1.面谈求职

面谈求职就是直接到用人单位或参加人才交流会和用人单位人事部门有关人员面谈，以达到求职的目的。

（1）面谈求职的一般步骤。

首先要简明扼要地作自我介绍：姓名、毕业学校、毕业时间、学历、专业、能力、特长、应聘岗位、求职意向等情况，表明求职态度。

然后要随时准备回答招聘者提出的问题。

最后要有一个结束语，给人留下一个清晰的、明确的印象。可以说："希望你能给我一个机会，相信我一定会把它干好！"

（2）自我介绍的语言技巧。

平直式：直截了当，不加修饰地介绍。这种表述比较方便，但不足之处是难于给他人留下深刻的印象。

案例 3-1　"我叫刘芳萍，江苏南京人，毕业于无锡商业职业技术学院，我学的专业是市场营销。"

成果式：将自己的成果充分展示，由此证明自己的实力，体现自己的优势。采用这种表述方法的前提是自己有足够实力的成果，否则会给他人不踏实之感。

案例 3-2　"你好。我叫张林丽，江苏苏州人，毕业于无锡商业职业技术学院旅游管理学院，2012 年荣获'江苏省职业院校学生技能标兵'称号。2013 年获'无锡商业职业技术学院第六届职业生涯规划大赛'二等奖。"

幽默式：运用幽默的语言将自己的基本情况介绍给招聘者。采用这种表达方式的好处是能够迅速让对方记住你，但要掌握分寸，不可牵强，更不可给人油滑之感。

案例 3-3　"我是北大中文系的刘剑文同学，一直期待着能与我的至爱——'文文'相伴一生，因此对贵公司提供的这份编辑职位更是垂涎欲滴。个人狂热地认为那就是为我准备的，匹配度完全达到 100%。我其实很平凡，性格开朗、大方，掌握良好的礼仪知识和与众不同的思维方式，头脑灵活、反应敏捷，能够灵活处理工作中突发的任何'故事'。所以请您相信，我完全有能力胜任这份工作，我有坚定的信念、超卓的观察力、无与伦比的沟通能力、超人般强健的体魄、任劳任怨不怕吃苦的耐力，还有一双灵巧又会写文章的手。"

（3）面谈求职的方法。

你所要面对的招聘者形形色色，你所要回答的问题千变万化，但万变不离其宗，面谈的方法还是有章可循的。

①具体事实展示法。用事实具体地展示你所具备的能力、素质、技能等，用事实说明如何处理人际关系，如何解决问题，如何胜任应聘岗位，不要一味地概述。通过"事实""相关的细节""具体的做法"等让对方对应聘者有所了解。

注意：使用"具体事实展示法"有限度，如果所有的回答都被打上"具体实例"的外"包装"，会给人繁琐、雷同，缺乏思想内涵的感觉。最好的办法就是概述和详述相结合，概括性的语言和"具体实例"相辅相成。

②突出个性法。掌握适当的时机，针对应聘岗位，将自己的专长、特长和个性充分表现出来。切忌平铺直叙，千篇一律。

③审时度势法。运用这种方法一是掌握好回答问题的时间，做到心中有数，有的放矢。在有限的面谈时间里，要得体、有效地"展示"自己，不要漫无边际或反复陈述。二是读懂对方。一个无奈的眼神，一个会意的微笑，一个下意识的看表动作等，都能体现招聘者的心态。所以在对答中要学会破译对方的心理，从而迅速、准确地调整自己的对策。必要时"投其所好"或"草草收场"，都不失为一种应急之策。

④扬长避短法。毕业生"初出茅庐"，缺乏相关的工作经验，就业的劣势是显而易见的。面试时要注意扬长避短，展示自己可塑性强、年富力强、精力充沛、无后顾之忧等优势。

⑤模糊回答法。对自己不利的问题可用模糊语言回答，以防被招聘者挑疵。如主考官可能会问："你觉得你在哪些方面还需要提高？""你不喜欢什么样的老板，什么样的工作？"对这类问题，不宜正面回答，可用委婉的或带有伸缩性的模糊语言机智地回答。

（4）面谈求职的注意事项。

求职像做一道菜，只有把选料，加工，放何种佐料，火候的掌握等细节都注意到了，才能做出一道色香味俱全的菜。求职也是这样，每一个步骤、每一个细节，都必须做好，否则将前功尽弃。面谈求职还要注意以下几点：

①善于倾听，让别人多谈他自己，满足对方好为人师的心理，做个好学生。

企业招聘新员工时，元老级特别是独立开办公司的考官可能会大谈自己成绩。其实他们想告诉年轻人自己过去奋斗的经验，好让年轻人能以自己为榜样，努力开创事业。当考官侃侃而谈时，最好让他继续兴致勃勃地说下去，不要流露出一丝一毫的心不在焉或不屑一顾。但也不必过度恭维，要知道明显的阿谀并不能博得考官的欢心。应聘者应专心地做一名忠诚的听众，注视对方，静静地倾听，并适时表示认同。在面谈求职的过程中，求职者不妨"甘为人徒"，少说多听，给对方充分表现自己的机会。

案例 3-4　　陈君应聘时，对经理说："我很愿意在这里工作，我觉得能为你做事，是最大的光荣，因为你是一位干大事业的成功人士。我知道你28年前创业的时候，只有一张桌子、一位职员和一部电话机，经过努力奋斗，终于铸就今天这样伟大的事业，你这种精神令我钦佩。"几乎所有成功的人，都乐于回忆当年奋斗的经过，这位经理也不例外，于是他兴致勃勃地讲述最初创业时的困顿、创业过程的艰辛和今日成功的自豪。陈君始终在旁洗耳恭听，有时以点头表示钦佩。最后经理向陈君简单地问了一些情况，就当场拍板："这就是我们所需要的人。"

②找准时机以"他"为中心表白。应聘者必须从头到尾认真听清考官的题目及其要求，然后才能针对问题的核心尽可能做出最正确、最完善的回答。当然也不能老是被动地倾听，适当时机要有所表白。但表白不应以"我"为中心，要多为对方着想，以"他"为中心。如果考官不是某方面的专家，应聘者遇到自己擅长的专业问题切勿兴奋过头，说出一大堆难懂的术语还意犹未尽。相反应该以谦虚的作风，尽量使用简单易懂的说明方式，让考官能清楚了解自己所说的每一句话。

③时刻注意有礼貌。到用人单位应聘，时时处处都要保持一种谦虚、谨慎、不骄、不躁的心态，尽力表现出谦虚的态度、有礼貌的行为，特别是在单位派出年轻职员主持面试时，尤其要注意。

④要适时调整交流策略。面谈求职，谈到一定时间，如果发现时机不对或者对方无兴趣，应及时调整交流方式。要沉着、冷静，不卑不亢地表明态度或者自己找个台阶下，给人留下办事果断的印象。事后应认真分析应聘失败的原因，调整就业期望值，另辟蹊径。

2.电话求职

电话求职一般应首先作自我介绍；然后询问对方是否要人，要用什么样的人才，或直截了当地询问招聘广告中不明了的有关事宜。

电话求职要点：

（1）自我介绍要简明扼要、条理清楚地介绍自己的姓名、毕业学校与毕业时间、学历、专业、能力和特长等情况。

（2）如对方有意面谈，可请其确定面谈的时间、地点，且记准记清。

（3）口要对着话筒，说话音量不要太大，也不要太小；吐字要清楚，速度比平时略慢一些，语气要自然。

（4）接通电话后，应有礼貌地问清对方单位名称，说出要找的人的姓名。如果对方就是负责招聘的人员，应先问候，然后表明求职意愿。如果对方不是，应礼貌地请对方去传呼负责招聘的人员。招聘人员如果不在，求职者应主动请接电话的人把姓名、学校和事因转告招聘人员。

（5）当对方听不清发出的询问时，要耐心地回答；当对方不够热情时，更要注意语气、语调和态度，要以自己的诚心诚意打动对方。

（6）通话结束时，应该有礼貌地说声"再见"。这是通话结束的信号，也是向对方表示尊重。听到对方把话筒放下的声音，再把电话挂掉。

（二）求职应聘沟通技巧

面试时用人单位往往要向毕业生提出各种问题，目的是从不同角度考察应聘者所具备的各种素质和能力。应聘者要顺利通过面试关，既要具备一定的实力，又要掌握一些应对技巧，善于回答考官的提问。应聘者在面试中应该掌握哪些方法与技巧呢？

1.幽默风趣笑声朗

幽默是一朵永不凋谢的玫瑰，时时刻刻散发着不可抗拒的诱人芳香。对于看似简单的问题，不能只求答得爽快，而要精思应对。因为再没有猎奇心理的考官也不相信"平平淡淡才是真"。答得妙和答得快要两者兼顾，不要顾此失彼。

案例3-5　　考官问："你为什么选择教师这个职业？"这时回答"教师这个职业是神圣的"或"教师是人类灵魂的工程师"等，相当于口号，是徒劳无益的。有一位女同学的回答给考官留下了深刻的印象："我儿时曾立志长大后做一位伟人。后来觉得做伟人太难了，就立志改当伟人的妻子。可是又发现这种机会太渺茫了，就改作伟人的教师。"结果她被录取了。

2.逆向思维出奇效

要拓宽思维领域，多层次、多角度通盘考虑，要学会逆向思维，想他人所未曾想，答他人所不能答，巧取角度，作出回答。

在某市电视台招聘记者的考场上，考官提出了这样一个问题："为了解这次招聘活动是否公开、公正、公平，电视台要求你作一次采访，你觉得采访哪一类人最能让观众信服？"人们通常会想到这样四类人：应聘人员、考务工作者、上级主管、街头行人。其实，这个问题的"题眼"是一个"最"字。一位应聘者条分缕析，作出了下述不同凡响的回答："大多数被录用者会说这次招聘很成功，有关领导也会说这次活动效果很不错，但这些都不足以让观众相信，甚至会使观众产生逆反心理。而街头行人则可能不知情，采访未必能深入。只要有一个落聘者心悦诚服地称赞这次招聘活动，就具有无可辩驳的说服力。综上所述，我认为采访落聘人员，让他们表现出真情实感，最有价值。"结果是这位擅长逆向思维的应聘者榜上有名。

3.转移视线，绝处能逢生

遇到超越你知识范围的难题，如果你无法直接从正面回答，就要另辟蹊径，采用迁回曲折的方法作出间接的、合情合理的回答，只要能自圆其说，考官会为你别出心裁的回答打高分，让你享受"山重水复疑无路，柳暗花明又一村"的喜悦。

陆侃如教授曾经留学法国。1935年，在巴黎大学的博士论文答辩会上，他对答如流。主考官想：哪有难不倒的学生？便故意向他提出一个奇怪的问题：《孔雀东南飞》这首诗里，为什么不说"孔雀西北飞"？陆先生应声答道：我国《古诗十九首》第五首中，头两句是"西北有高楼，上与浮云齐"，楼高如此，它能飞过吗？

4.三思而答，凭严谨制胜

在社会分工日益精细的年代，一个人的综合素质固然重要，但一些"细枝末节"上的反应更能体现你处事严谨、干练的精神风貌。

某地公开选拔副县级干部，口试时有一道题："作为副职，你自认为你的能力超过正职，你该怎样对待你的上司？"前面几位应试者一时疏忽，纷纷就如何谦虚，如何协调甚至如何使上司信服等话题侃侃而谈，只有最后一位应试者反应机敏，他紧紧抓住问话中"自认为"三个字进行"补漏"，结果赢得了主考官的一致首肯："自认为能力比上司强只是一厢情愿的，到底能力怎样要靠众人去评说。如果大家公认我的能力比上司强，那么……"这样的"补漏话"真可谓无懈可击。

5.有的放矢，真心真意机智过关

对司空见惯的问题切忌作千篇一律的回答，因为即使考官是白发苍苍的老者，在千百次同样的"遭遇"后也会失去耐心。当然也不要故作高深，化简为繁，而要开动脑筋，紧紧围绕应聘岗位，出奇制胜，或返璞归真，或大智若愚，或异想天开……

秦雨晴到深圳某服装贸易公司应聘时，穿了一件漂亮、雅致的连衣裙。在百里挑一的竞争形势下，在俊男倩女的激烈角逐中，她并不"耀眼"。老板问她：为什么愿意离开家，从遥远的西安来深圳打工？"想出来闯一闯"等的回答显得陈旧，已经无法吸引招聘者。秦雨晴天真烂漫的回答语惊四座："在深圳一年四季都可以穿裙子！"妙趣天成，而且不经意地流露出对服装业、对生活、对深圳的热爱。老板立即站起来，热情地握着她的手说："好，我们欢迎你，你有一颗纯真、质朴的心，这比什么都重要。"

另外，面试前要给自己留下充裕的时间，避免匆匆忙忙赶到面试现场，造成人为的心理紧张。如果你实在无法排除紧张的情绪，可以从实招来："我好久没有参加面试了，所以有点紧张。"口试的过程中，发现自己说错了一些话，不妨等到双方都比较自在的时候进行补救："我不知道您看出来没有，坦率地说，我有些紧张。"如果事情进行顺利，承认你曾紧张过，反而能拉近你和主考官的距离。

（三）求职应聘的注意事项

1.知己知彼，百战不殆

有多大的头戴多大的帽子，尽量客观公正地根据自己的学历、工作经历和特长，选择真正能胜任的工作。一味找大公司、高职位工作的人，结果很可能只是浪费时间。面试前求职者对自己要有正确的估价，对自己的就业要有合理的定位，不要好高骛远。只有做充分的心理准备，从容自若，才有成功的可能性。当然求职者对用人单位的"胃口"要有所了解。

案例3-6 广东省财政厅有一次公开招聘副厅长人选，答辩会上主考官问七号答辩人："你和其他竞争者相比，有什么优势和劣势？"七号踌躇满志地说："我想来想去，觉得自己没什么明显劣势。"在一片笑声中又补充说："缺点在一定条件下也是优点。"结果充满自信的七号被录取了。

2.揣摩对方提问的意图

有时主考官会故意刁难你，目的在于观察你应付突发问题的能力，若此时你显得惊慌失措，就会给对方留下一个不足为用的印象；如果糊里糊涂地跟着感觉走，就会不知不觉地坠入对方设置的陷阱。因此，应聘者要灵活应变，不要让舌头抢先于大脑的思考。

案例3-7 某集团曾到某中专学校招聘业务员，一男同学面试进行到一半，总经理忽然轻描淡写地问道："你谈过恋爱吗？请放开谈，我们只是随便聊聊。"这个男同学不知道是确实谈过，实话实说呢，还是认为谈过恋爱可以有力地证明自己的推销能力，他毫不犹豫地说："谈过两次。"紧接着便开始得意扬扬、津津有味地描述他的恋爱史。小小年纪，不思进取，结果当然是可想而知：情场得意，考场失意，他的名字从录取名单上被毫不留情地删去了。

不要盲目顺从对方说出的话，因为有时对方说的话或提出的问题与他的真实想法相反。比如对方问你："你是不是觉得自己很有创造性，不甘寂寞，总想有所发展？"如果你不善于揣摩对方心理，也许会说"是"，因为大多数人事主管喜欢有作为的人。但是你有时也会搞错了，假如你要应聘的岗位是电脑打字或档案管理员等，那么对方希望你回答的是"不是"。

另外，要锻炼自己敏锐的观察力，做到思维敏捷、应对巧妙、谈吐得当，这样才能在求职过程中始终掌握主动权。

在出现意外情况时，不能无动于衷，而应当采取有利于表现自己才能的措施。比如你们正在谈话时，突然有人进来指责对方，言语非常激烈。那么你可以适时地参与进去，并充分表现自己的组织、调解能力及口才，这样做往往比自我表白更有效。

3.让对方感到你是个有主见的人

无论如何都必须坚持自己的立场和见解，做一个有主见的人。因为一个没有主见，只知道一味地附和他人的人，必定无法独当一面，独立开展工作。而一旦遇到困难，又会因不知如何下手而贻误时机，很有可能给公司带来较大的损失。

但是，所谓的"主见"必须是在考核人员所能接受的范围内才能成立。如果对方无法接受你的意见，即使你再有能力，再有独特的个性也无法使人认可。

说话过程中，不要一开始就把自己事先打算一览无余地和盘托出，而应适时保留，待弄清对方的真实意图时再提出自己的意见，这样有助于你适当改变话题来迎合对方。

在面试时遇到和考官意见不合的情况，切勿因一时感情用事，而竭尽全力、据理力争。即使辩倒了考官，却伤害了对方的自尊心，其结果可想而知。因此，应聘者不能固执己见，而应根据具体情况，该妥协就要妥协，该反驳就要反驳，适当接受对方的某些观点，同时尝试让对方接受自己。

4.实事求是

要实事求是，不要矫揉造作，口是心非。

案例3-8　当被问道："你喜欢出差到外地去推销商品吗？"你可以直率地回答："坦率地说，我不喜欢。因为'独在异乡为异客'，那并不是一件惬意的事。但我知道，出差是商业活动中的一个重要部分，也是推销员的主要工作之一。所以我不会在意出差的艰辛，反而会引以为荣。因为我非常喜欢推销工作，我想这一点更重要。"

案例3-9　主考官问你："如果我们接受你，你会干多久呢？"如果你这样回答："没人愿意把一生中最为宝贵而有限的时光花在不停地寻找工作中，也不会有人甘愿把他所喜爱的东西轻易放弃。就拿这份工作来说，如果它能使我学以致用，更多地发挥我的潜力，而我也能从中获取更多的新知识与技能，并且也能得到相应的回报。那么我没有理由不专心致志地对待我所热爱的工作。"你所表现出坦诚的个性和敏捷的思维定会为招聘者所欣赏。

在求职面试时，面试的主要内容是"问"与"答"。面试主持人连连发问，应聘者对答如流，那当然是再好不过了。一旦"卡壳"，应"知之为知之，不知为不知，"不要打肿脸充胖子。

面试中，常常会遇到这样的问题：考官提出的问题过大，使应聘者不知从何答起或对问题的意思不明白。这时，千万不要"想当然"地去理解，要搞清楚再回答，切忌答非所问。此时，你可将考官所提的问题复述一遍，确认其内容，如果你的理解有偏差，考官一般会作出解释，这样既达到了准确理解问题的目的，又会给考官留下好印象——

"这是个认真、直爽、诚实的人"。

另外，对于你可能遇到的其他实在不会或不愿回答的问题要勇于坦率承认或断然拒绝，以避免尴尬场面的产生。在这时能果断地拒绝正是有效的答案，由于拒绝而失态是没有必要的。

5.谨慎择言，把紧自己的嘴

在面试的过程中，一方面，许多考官为了解到应聘者在书面材料中没有反映的一些情况，纷纷采用尽量让应聘者多讲的策略；另一方面，许多应聘者为了在较短的时间内让考官多了解自己，也常常会采取多讲话的策略。如果应聘者真的有很强的说话技能也未尝不可，而事实上不少应聘者口若悬河的结果却是言多必失。

某合资企业的经理到某大学去招聘职员，他对二十多名大学生进行反复核查，从中挑选出三名大学生进行最后面试。其中有两名大学生在经理面前，夸夸其谈，炫耀自己的水平如何高，能力如何强，并提出一大堆的建议和设想。而另一名学生则与他们相反，在面试时，一直耐心倾听经理的见解和要求，很少插嘴，只有当经理询问时，他才回答，而且回答得很精练，在面试结束时，他才委婉地说道："我很重视您的要求，也非常赞同您的见解。如果我能被录用的话，还望您今后多多指导。"三天后，这位善于倾听的大学生接到了录取通知书，而那两位夸夸其谈者则被淘汰了。

应聘者在面试时应该把紧自己的嘴。如果认为已经回答完了，就不要再讲。该讲的讲，不该讲的绝不要讲，更不要采取主动出击的办法，以免无事生非。在面试中请谨慎择言，这样即使未必能助你在面试中取胜，也很可能使你免于功亏一篑。

6.让你的声音、表情放出光彩

面试时语速比平时慢些，该停顿的地方要停顿，使对方有时间对你表达的意思进行深层次的思考，产生共鸣。由于参加面试时紧张焦虑，大多数面试者会发现自己说话的速度比平时快，这种连珠炮式的说话方式，容易引起考官的焦虑，对应聘者不利。另外要注意加强说话的语气，抑扬顿挫，有节奏感，并清晰、明了地把意思表达出来。这样，起伏跌宕的声音可转移沉闷的气氛，使考场充满年轻人的活力。卡耐基说："我们即使不能说得如播音员一般好，我们也要尽量地说得更好。"

在交谈中仅靠声音是不够的，还需要通过表情来传递诸多难以言传的复杂信息，而微笑是最能让他人感到亲切、产生好感的表情，所以，求职者在面试时尽量多微笑。

三、课堂训练

（一）训练情景、任务与步骤（见表3-2）

表3-2 求职应聘训练步骤

训练情景	表3-1案例	
训练任务	1.以小组为单位训练。将班级分为总数为偶数的小组，以小组为单位，根据表3-1的案例情景，分角色轮流扮演周伟与江南某服装公司招聘小组，模拟一场周伟应聘的场面，并做好对话与礼仪表现记录。 2.小组背靠背训练。模拟应聘的周伟与江南某服装公司招聘小组分别出自不同小组，形成应聘人员与招聘人员之间的陌生感，由此增加现实感。 3.现场反馈。模拟招聘结束，小组成员讨论每个扮演周伟的同学的应聘语言以及礼仪动作，同时分析招聘小组的提问质量与礼仪动作。找出可取之处，分析不足之处，并进行全班交流	
训练步骤	训练内容	补充说明
步骤一	小组研读任务，明确训练目标	
步骤二	各小组根据情景任务分配角色	
步骤三	商讨确定周伟与江南某服装公司招聘小组成员的形象礼仪	江南某服装公司招聘小组由该公司人力资源部经理张女士、市场营销部经理王先生、人力资源部秘书李先生组成
步骤四	根据应聘人员的具体情况以及公司的实际需求设计面谈问题	
步骤五	根据招聘单位资料信息准备周伟的应对策略与语言	
步骤六	布置现场	模拟场地为教室
步骤七	模拟招聘、应聘	其他同学观看、记录
步骤八	小组讨论、总结	
步骤九	班级交流（每小组派一名同学阐述小组讨论总体意见与小组总结）、教师点评	

（二）训练评价记录（见表3-3）

表3-3　　　　　　　　　　　　求职应聘训练评价记录

被评价人姓名			组别		情景角色	
评价项目			分值	小组评分（50%）	教师评分(50%)	总得分
1.形象礼仪：服装、服饰搭配、妆容			10分			
2.仪态礼仪：站姿、走姿、入座、坐姿、离座、进门、出门			10分			
3.场景布置：桌椅位置、空间环境布置、座签			10分			
4.语言表达		称呼用语	10分			
		自我介绍	10分			
		问答应对	20分			
		应时发挥	10分			
5.团队合作		小组讨论发言积极程度	5分			
		小组分工协作配合情况	5分			
		小组场景布置参与情况	5分			
6.情景文案：思路、问题设计			5分			
总计			100分			
评价人						

备注：该评价记录表满分为100分，60～70分为合格，71～89分为良好，90分以上为优秀。

四、自测训练

1.班级讨论：为什么以下应聘表述，最后会失败？应该怎样表述比较好？

（1）张先生面试非常顺利，过关斩将，最后人力资源部经理问他："你为什么想进我们公司？"张先生回答说："你们公司的培训机会很多，我想将来好好学习。"最后张先生落选了。

（2）小林面试状态很好，应答自如，他感觉对方也很满意。最后人力资源主管问他："你到我们公司来，你认为你适合干什么？"小林踌躇满志地回答："只要公司需要，我什么都能干。"最终没有被录用。

（3）陈莉是一所高职院校的高才生，主学计算机，平时刻苦学习，又修了文秘专业，并且拿到了中级秘书资格证书。他应聘某知名公司的文秘岗位，面试时双方谈得非常愉快，接近尾声时，人事部经理问："对你来说，现在找一份工作不太容易吧？或者说你很需要这份工作？"陈莉说："那倒不见得。"陈莉最后落聘。

（4）王杰参加一次面试，他刚进门坐下，便问："你们这次要招几个人？"之后开始交谈，他又问："我同学吴某某也在你们公司，你们认识吗？"后来，招聘人员问他的预期工资，他回答："你们打算给多少？"结果他落聘了。

2．根据以下招聘信息，以小组为单位，模拟招聘方与应聘方进行模拟求职面试。

招聘启事

我公司因业务发展需要，特招聘机电制冷修理工一名，具体要求如下：

（1）相貌端正，身体健康，男女不限。

（2）具有专科或专科以上学历，有上岗证书，能熟练修理制冷机电，具有较强的应变能力。

符合以上条件者请……

无锡市新亚机电有限公司

3．柳明是会计专业的毕业生，要到本市大型百货公司三阳公司应聘财务部会计一职。柳明已经投了简历，现在三阳公司人事处李处长要打电话给柳明进行电话面试。两个同学为一组，分别扮演柳明和李处长，模拟这一过程。

4．下面是求职面试时常会遇到的问题，如果是你，你觉得怎样回答最佳？

（1）请谈谈你自己的情况。

（2）你为什么想来我们公司工作？

（3）你来我们这里能干什么？

（4）你找工作考虑的最主要因素是什么？

（5）你的期望工资是多少？

（6）你对我们公司了解吗？

（7）你为什么想离开目前的公司？

（8）谈谈你在前一份工作中的最大贡献。

（9）谈谈你最大的优点和缺点。

（10）如果我们雇用你，你准备为我们公司工作多长时间？

（11）除了我们公司，你还应聘了哪些其他公司？

（12）你有什么问题要问吗？

（13）你如果离开现在的职务，你认为你的老板会有什么反应？

（14）知道我们为什么录用你吗？

（15）你希望五年后取得什么成就？

项目二

▶ 团队合作

　　自美国著名管理学教授斯蒂芬·罗宾斯于1994年首次提出了"团队"的概念后，"团队合作"的理念风靡全球。团队合作是指为了实现某一目标而由相互协作的个体所组成的正式群体。如果团队合作是出于自觉自愿，它必将产生一股强大而且持久的力量。在一个好的团队中，沟通交流非常重要，本项目就如何在团队中进行好的沟通交流展开训练。

任务一　　　　　　　　　　　　　**如何与上级沟通**

一、案例分析与教学目标（见表3-4）

表3-4　　　　　　　　　　如何与上级沟通案例分析与教学目标

案　　例		A公司为了奖励销售部的员工，制订了一项珠海旅游计划，名额限定为10人。但公司销售部有12名员工，而且12名员工都想去，部门经理想向上级领导再申请2个名额，部门经理会如何与总经理沟通呢
案例分析		本案例中，部门经理要能够说服上司同意增加2个名额，必须掌握与上级沟通时的办公室礼仪，拥有能够解读上级心理的能力以及具备与上级进行有效沟通的方法与语言技巧
教学目标	知识目标	1.了解上级在处理问题以及与下级交流时的心理； 2.掌握与上级进行有效沟通的语言表达技巧； 3.掌握办公室礼仪知识
	能力目标	1.运用与上级进行有效沟通的方法与语言技巧； 2.恰当应用办公室礼仪

二、知识储备

（一）了解你的上级

1.通过观察上级的肢体语言了解上级个性

一个人的内心活动往往会在肢体语言中不经意地表现出来，解读肢体语言也能够了解一个人的内心活动。我们可以从上级的仪表、仪态等来了解上级的个性。

仪表：如果上级平时都是西装革履，领带打得周正，头发也是一丝不乱，那么他为人应该严肃，做事比较讲究规则，工作上不能有丝毫失误。如果上级平时都穿夹克、牛仔裤，穿鞋子没有什么讲究，那么他应该是比较务实的人，不太注重过程，只注重内容和结果。

走姿、坐姿：如果上级走路大步快速，说明他是个急性子；如果上级走路平稳，说明他比较稳重理智。如果上级喜欢跷着二郎腿坐着，说明他是个比较自信的人。如果上级喜欢坐着时把双脚伸向前，脚踝部交叉，说明他喜欢发号施令，天生有嫉妒心理。如果上级喜欢敞开手脚而坐，说明他性格外向，有支配的欲望。

2.通过观察上级周围环境布置了解上级个性

围绕一个人周围环境的布置，能够体现这个人的喜好个性，不妨从上级周围的环境布置来观察了解他。如果上级办公室面积不是很大，陈设简单，布置有条理，说明他讲究实用，是一个踏实肯干、自信的人。如果上级办公室空间大、装修豪华，说明他想通过这种形式对内增强个人权威性，对外显示企业有实力，很讲究面子。如果上级办公室布置有会议桌，并且常会在办公室召开会议，说明上级有创造性，同时随意性也比较强。

（二）与上级有效沟通的技巧

1.要注重沟通的内容

要明确与上属沟通的目的主要是为了解决问题，所以，不要让沟通的形式大于沟通的内容。

案例3-10　小张与小王同时进入公司，两人条件十分相似，只是小张比较关注自我，不太关注外界看法，小王则比较喜欢与外界交流，并且似乎与谁都自来熟。他们两位进入公司后的情形怎样呢？刚开始小王很受欢迎，由于他相当注重别人的看法，对谁都想留个好人缘，对自己的上司，更是务必使上司舒服为目的。对比起来，小张则直言无忌，我行我素。半年后，小王被老板开除，理由是工资不是付给一个对谁都唯唯诺诺的人。

由此可见，上级是与下属有根本利益关系的人。与上级沟通时要多做权衡，过犹不及的拍马屁和图口舌之快的个人主义者，上级都不喜欢。

2.要注重沟通的时机

与上级沟通交流，必须要根据沟通内容来选择好时间、地点、环境、氛围，这样才能提高沟通成功的可能性。

案例3-11　凯利毕业后进入一家公司。不久，她就感到她的上级作风强硬，许多下属都有不满情绪，凯利很想把这些情况反映给上级。一天下午，凯利来到上司办公室，上司正一边喝咖啡一边阅读报告。凯利就把自己所听、所想滔滔不绝地向上司讲述，上级先是心不在焉，接着就又皱起了眉头……最后说：好了，你可以出去了。同样也给你个忠告：办公室不是散布流言蜚语的地方。

凯利的失败在哪里？在于选错了时间和地点。对上级进言需要勇气，更需要掌握技巧。已经知道上级是硬朗型性格，就不适合公事公办地跟她说某事您做得不对，某人背后对您不满。如果提出一个下午茶邀请，会更能放松对方的精神，方便进谏。

3.要注重语言表达的圆满

与上级沟通时，要注意语言表达的圆满，不要让对方发现你的不足。

案例3-12　马明与他的部门经理刘伟是校友。两年后，马明在刘伟的提携下幸运升级为部门副经理，与刘伟成为搭档。由于俩人关系密切，马明也看到了刘伟做事的一些欠缺之处。有一次总经理单独约见马明，请他谈谈对于自己团队的看法和意见。马明没有犹豫，一五一十地把刘伟的不足和盘托出，另外补一句："这些事情本来就与我的原则不和，只是找不到合适的机会跟您进行沟通。"　一个月后，马明被调到后勤部门去管杂务，刘伟则被解聘。刘伟办理辞职手续后特地去看马明，冷笑着说："你莫非以为出卖我，你就可以升官发财吗？走着瞧吧！"

马明的问题出在哪里？马明的问题出在于他的语言让老板感觉他是个出卖朋友的小人。其实这是马明语言表达不够圆满，引起的误会。马明可以这样说："从公司的立场出发，我感觉刘经理在某事处理上有些问题，从私人角度来看，这些话本是不愿意说的。仅仅就事论事，不针对个人发表任何情绪性评价、总结。"

4.要注意用数据说服

数据具有极大的说服力，如果想让上级采纳下级的新方法，比较好的方法是用各种数据来说明新方法的利与弊，让上级感受到下级做事的严谨务实。

案例3-13 某啤酒厂发展规划部规划在无锡设立一个分厂，规划部经理向董事长汇报。

A方式：关于在无锡地区设立灌装分厂的方案，我们已经详细论证了它的可行性，大概3~5年就可以收回成本，然后就可以盈利了。请董事长一定要考虑我们的方案。

B方式：关于在无锡地区设立灌装分场的方案，我们已经会同财务、销售、后勤部门详细论证了它的可行性。财务评价报告显示，该方案在投资后的第28个月财务净现金流由负值转为正值，这预示着该项投资将从第三年开始盈利，经测算，该方案的投资回收期是4~6年。从社会经济评价报告上看，该方案还可以拉动与我们相关的下游产业的发展。这有可能为我们将来的企业前向、后向一体化方案提供有益的借鉴。与该方案有关的可行性分析报告我已经带来了，请董事长审阅。

显然B方式运用数据，说服力强，上级会觉得下级在做这个决定之前已经做了很多工作，全方位为公司着想了。

5.要注意用请教的语气交流看法

每个人都希望得到他人的尊重，更何况是上级领导。因此，当下级有看法需要向上级提出来时，最好的办法是用请教的语气提出来，这样既满足了上级需要得到尊重的心理需求，也增加了上下级之间的相互信任。

案例3-14 赵林毕业于国内一名牌大学人力资源管理专业，就职于一家私营企业人力资源部，这家企业人力资源方面的工作都是由赵林一一落实，而他的职位之上却还有一个公司老总的亲戚做赵林的上级，其实此人只挂名，不做事。赵林工作一段时间后觉得企业中存在一些问题，经过思考，写成了报告，直接向总经理提出自己的看法，他是这样表述的："总经理，你好。我到公司已经快一个月了，我对公司的运作情况做了一些调查，目前来看有一些问题要马上解决，你看你有时间吗？我想和你谈谈。"总经理说："哦，行啊。我也正想听听你这个大学生的想法。"于是赵林把写好的报告递给总经理，并且侃侃而谈："我认为目前我们企业存在的主要问题是职权不分……"没等赵林把话讲完，总经理皱着眉头说："小赵，这样吧，你把报告放在这里，等我有时间再看。我现在有点事。"很显然，赵林与上级沟通出了问题，最大的问题是赵林用支配者、审视者的语气与上级交流，完全忽视了总经理的尊严需求。如果改用请教的语气交流，情况就不一样了。可以这样表述："总经理，我在学校学的是书本上的理论知识，到公司之后发现理论与实践有较大的差距，想请教您一些实际问题，特别是我们公司人力资源管理方面的问题。您再看看我的这些想法在我们公司合不合适？"

6.要注意明确重点

与上级沟通的内容主要是接受工作、请示工作、汇报工作。接受什么，请示什么，汇报什么都应该简洁明了，重点突出到位。

接受工作时，最主要明确的是上级要求做什么？做到什么程度？为了确保做什么不失误，与上级沟通时可以先复述上级布置的任务，让上级确认，上级确认了，你再去做。

向上级请示工作要预备好多个方案，并且告诉上级最理想的方案，然后让上级确定，不能等上级给方案。

向上级汇报工作要内容真实，表述简洁。先讲述结果，也就是做得怎么样了。如果上级询问过程，可以讲述，不询问就不必讲述过程。

三、课堂训练

(一) 训练情景、任务与步骤 （见表3-5）

表3-5　　　　　　　　　　　**如何与上级沟通训练步骤**

训练情景	表3-4案例	
训练任务	1.两人一组为一个训练单位。根据表3-4案例情景，分角色轮流扮演A公司部门经理和公司总经理，模拟部门经理向总经理请示的场面，并做好对话与礼仪表现记录。 2.教师指定学生面对全班同学模拟演示对话场景，再作点评	
训练步骤	训练内容	补充说明
步骤一	小组研读任务，明确训练目标	
步骤二	分配角色	
步骤三	小组商议、设计部门经理请示的方式、方法、对话	

步骤四	明确部门经理与总经理见面时双方所要遵循的礼仪要求	
步骤五	根据小组商议方案布置场景	模拟办公室场景
步骤六	模拟小组代表阐述商议方案	模拟小组由教师指定
步骤六	模拟场景表演	其他同学观看、记录
步骤七	学生互评	
步骤八	教师总结点评	

（二）训练评价记录（见表3-6）

表3-6　　　　　　如何与上级沟通训练评价记录

被评价人姓名		组别		情景角色	
评价项目		分值	小组评分（50%）	教师评分（50%）	总得分
1.办公室形象礼仪：服装、服饰搭配、妆容		10分			
2.办公室仪态礼仪：站姿、走姿、入座、坐姿、离座、进门、出门、握手		10分			
3.场景布置：办公室环境布置		10分			
4.语言表达	称呼用语	10分			
	交流对话	20分			
	察言观色	10分			
	小组代表阐述语言	5分			
5.部门经理沟通结束后表现		5分			

续表

6.团队 合作	小组讨论发言 积极程度	5分			
	小组分工协作 配合情况	5分			
	小组场景布置 参与情况	5分			
7.沟通效果		5分			
总 计		100分			
评价人					

备注：该评价记录表满分为100分，60～70分为合格，71～89分为良好，90分以上为优秀。

四、自测训练

1.某课程期末考试采用以小组为单位现场答辩的口试形式，会计111班A同学无故没有参加课程期末考试，任课教师给予他旷考处理。事后，A同学及其女朋友找到任课老师，要求给予补考机会。下面是A同学、A同学女朋友与老师的对话，仔细阅读，分析A同学及其女朋友与老师沟通为什么不通畅？应该怎样沟通较好？请设计方案。

A同学：老师，我上次因为有事没参加考试，现在想和另外一个小组一起考，行吗？

老师：不行。

A同学：为什么？他们还没考，我也没考啊。

老师：一、你不是该小组成员；二、你们小组考试上周已经结束。你无故不参加考试，即属于旷考，还属于旷课，我没有上报你的旷课已经手下留情了，你现在竟然还提出如此无理的要求！

A同学：我上周不是无故，是因为我女朋友身体不舒服，我送她上医院了。

老师：那你为什么不请假？

A同学：当时来不及了。

老师：你女朋友的小组都来得及向我请假，你竟然来不及？

A同学：我没有你的电话。

老师：你女朋友的小组怎么有我的电话？我的电话第一节课上课时就告诉大家了。

A同学女朋友：老师，那就把我的成绩给他，他终究是为了我。

老师：你们以为期末考试是儿戏！（愤然）

2.国内一企业在驻国外经济特区办了一宾馆，因该地区饮用水紧张，故宾馆经理再三嘱咐楼层服务员小艾每个房间一天只能提供给客人2瓶矿泉水。但客人反映2瓶水不够，要求增加2瓶水，如果不增加，就要退房。小艾到经理办公室汇报情况，提出建议。请问小艾应该怎样与经理沟通，才能达到给客人增加2瓶水的沟通目的。

❯ 任务二　　　　　　　　　如何与同事沟通

一、案例分析与教学目标（见表3-7）

表3-7　　　　　　　　　　　如何与同事沟通案例分析与教学目标

案　例		李维刚从学校毕业，来到一房地产公司销售部做推销员。他性格随和，与同事相处融洽。不久，李维发现同一部门比他早来半年的陈刚性子急，似乎老是和他过不去。一次经理让他俩同去对一客户做回访，陈刚因为家中有事，让李维一人去，这样无形中增加了李维的工作量。李维开始觉得忍一下算了，没想到后来向经理汇报时，陈刚却将李维的回访资料抓在自己手里，并且向经理做汇报，只字不说自己没有到现场回访之事。李维很生气，就到经理处把陈刚没去回访的事原原本本地告诉了经理。经理得知情况后，来到下属办公室，当着其他同事的面把陈刚批评了一通。从此陈刚再也不理睬李维了。 分析：1.李维哪里做错了？李维很想改变这种状态，现在他应该怎么做呢？ 2.陈刚与经理的做法都合适吗？他们应该怎么做
案例分析		此处李维的行为类似于告状，同事陈刚的行为有抢功之意，经理的当众批评又使陈刚很没面子，这都是同事交往中的禁忌。要融洽两者关系，交往时必须注意有效沟通的恰当礼仪，再运用同事之间有效沟通的一些技巧
教学目标	知识目标	1.了解同事之间进行有效沟通的重要性； 2.掌握同事之间有效沟通的技巧以及礼仪
	能力目标	正确运用沟通技巧和交往礼仪，在不同的工作场景中同事之间能够有效沟通，融洽相处

二、知识储备

（一）同事之间沟通的重要性

钱敏和王静是同事，钱敏心直口快，话多。王静倔强、沉稳。两人在工作上经常有碰撞，两人都觉得自己是正确的，最后因一次办公室排值班问题，两人各执己见，发生严重冲突，经理很生气，当着众人的面把两人狠狠批评了一通，指出两人的问题是没有很好沟通，自以为是。可见，同事之间的沟通是必要的，而且是应该的。通过沟通能够了解彼此，提高工作效率，同时也有益于身心健康。

（二）同事之间有效沟通的技巧

1.多用赞美语言

马克·吐温曾说过：只凭一句赞美的话，我就可以充实活上两个月。同事之间多用赞美可以愉悦心情，和谐关系。不能因为是同事，常常忽略对方，而应该把每个同事当做学习的对象，发现他的优点，不吝啬赞美语言。也不要因为是最平常的赞美语言而不屑说，相反，平常的话语最能体现亲切与温暖。如：你这件衣服真漂亮！你精神头很好！换了新发型，很适合你！

注意赞美同事的时候应该目光注视对方，千万不可目光闪烁，精神不集中。

2.多用第二人称

在与同事交流观点、看法时，多用第二人称"你"，少用第一人称"我"。如说"我认为这件事应该是这样的……"，不如说成："这件事应该是这样的吧？你说呢？"因为"我"的表述表示充分掌握话语主动权，是独霸谈话的现象。

3.多用情理分析

当同事之间发生分歧时，首先要避开对方的锋芒，再分析原因，等对方情绪平息后，晓之以理，动之以情。切不可用尖刻的语言，嘲讽的态度，不屑的神态，与对方交流。如对方有事相求，被求方又不能为他提供帮助时，也应该先帮他分析他的要求，指出不可行的原因，再对他说"不"。切不可模棱两可，让对方产生误解，最后没有解决反而影响同事关系，造成沟通不畅。

另外同事之间所处空间大都为办公室，在办公室要做到：不开展辩论，不讲悄悄话，不传播八卦，不炫耀。

三、课堂训练

（一）训练情景、任务与步骤（见表3-8）

表3-8　　　　　　　　　　　**如何与同事沟通训练步骤**

训练情景	表3-7案例	
训练任务	1.五人一组为一个训练单位。根据表3-7案例情景，分角色轮流扮演李维、陈刚、经理、客户、同事A，模拟李维、陈刚的冲突，李维向经理告状，经理当众批评的场面，设计李维进行有效沟通的方法，再进行模拟，并做好对话与礼仪表现记录。 2.教师指定学生面对全班同学进行模拟演示，再作点评	
训练步骤	训练内容	补充说明
步骤一	小组研读任务，明确训练任务	
步骤二	根据任务要求小组分配角色	增加客户与同事A

步骤三	小组分析李维、陈刚在相处时存在哪些问题？经理的处理方式有哪些问题？商讨并改正方案	
步骤四	小组代表阐述李维、陈刚、经理在相处过程中出现不和谐问题的原因以及改善相处关系的建议	
步骤五	根据小组讨论的改正方案，现场模拟表演	其他同学观看、记录
步骤六	学生评论改正方案的优缺点以及模拟过程中的礼仪问题	
步骤七	教师总结点评	

（二）训练评价记录（见表3-9）

表3-9　　　　　　　　　　　**如何与同事沟通训练评价记录**

被评价人姓名		组别		情景角色	
评价项目		分值	小组评分（50%）	教师评分（50%）	总得分
1.形象礼仪：服装、服饰搭配、妆容		5分			
2.仪态礼仪：站姿、走姿、入座、坐姿、离座、进门、出门、握手		10分			
3.场景布置：办公室环境布置		10分			
4.语言表达	称呼用语	10分			
	与同事沟通语言	10分			
	与上司沟通语言	10分			
	与下属沟通语言	10分			
	方案阐述	10分			
5.现场模拟评论		5分			
6.团队合作	小组讨论发言积极程度	5分			
	小组分工协作配合情况	5分			
	小组场景布置参与情况	5分			
7.改正方案效果		5分			
总计		100分			
评价人					

备注：该评价记录表满分为100分，60～70分为合格，71～89分为良好，90分以上为优秀。

四、自测训练

1. 小彭本科毕业，在一家公司总经理办公室任文员，他的同事是老张。老张是公司元老，高中毕业，已步入中年，因为学历问题一直没有得到升迁。小彭应该怎样与老张相处？平时在办公室应该怎样交流比较好？应该注意哪些礼仪？

2. 王珊因母亲生病住院，不得已向公司请了一星期假。可她手头有一项目，已经和对方基本谈妥，只等落实最后细节以及签订合同了。经理让王珊把项目收尾工作交给同事李芳。李芳很好地完成了王珊项目的签订。如果你是李芳，王珊上班后，你会怎样与王珊交流？

⊙ 任务三　　　　　　　　如何与下级沟通

一、案例分析与教学目标（见表3-10）

表3-10　　　　　　　　如何与下级沟通案例分析与教学目标

案　例	王先生是某高校旅游系新提拔的系主任，工作认真，性格内向。朱老师是王先生的手下，教学经验丰富，性格倔强。一天午餐时间，朱老师正在家用餐，接到王先生电话：因有紧急事情，要求其中午12点到王先生办公室开会。朱老师询问会议主题，王先生表示你只要参加会议就行。朱老师很生气，表示午休时间属于私人，能不能把会议时间延后半小时到下午上班时间再开会？王先生立即批评朱老师：周一至周五，老师时间都是属于学校的。朱老师更生气，立即表示不参加会议。请分析王先生与朱老师之间的沟通存在什么问题？王先生应该怎样与朱老师沟通才能达到预期效果	
案例分析	王先生与朱老师的沟通中存在的最大的问题是王先生以领导自居，没有了解下级的心理。王先生要想与朱老师进行有效沟通，首先要注意电话礼仪，再者要了解下级的心态，并且能够恰当运用与下级有效沟通的技巧	
教学目标	知识目标	1.了解下级心态的方法； 2.掌握与下级有效沟通的技巧
	能力目标	1.运用与下级有效沟通的技巧； 2.电话礼仪的正确运用

二、知识储备

（一）如何了解下级的心态

1.分析下级性格类型

根据下级的言谈举止、仪表等将下属性格分类，目前职场一般将性格分红色性格、黄色性格、绿色性格、蓝色性格四类。红色性格表现为外向、以任务为中心，具有支配和控制欲望，有强烈完成任务的愿望。黄色性格表现为外向、以自我为中心，喜欢表现自己、成为众人的焦点，希望拥有地位和声望，具有鼓舞人心的感染力和影响力。绿色性格表现为内向、以他人为中心，温和顺从，具有取悦于人的愿望，愿意给人留下美好的印象。蓝色性格表现为内向、以任务为中心，谨慎处事，三思而后行，计划周密，非常敬业，落实计划一丝不苟。

2.分析下级心理需求

每个人在自己的饥饿、口渴等生理需求得到满足之后，都会向往实现自己的心理需求，下级也不例外。所以，满足下属的心理需求，才能激发下属工作的积极性。怎样才能满足下属的心理需求，那就应该先分析下属的心理需求。一般下属的心理需求有三种类型：能力认可型、关系需求型、自主掌控型。能力认可型表现为自己拥有丰富的知识与经验、娴熟的技能，希望得到重视。关系需求型表现为希望与同事关系和谐，共同完成工作。自主掌控型表现为工作中希望独当一面，完全自由地完成工作。

（二）与下级有效沟通的技巧

1.满足下级的心理需求

针对不同心理需求的下级，采用不同的沟通技巧。对能力认可型，要对他所说的话、所做的事表示浓厚的兴趣，多询问他的看法。对关系需求型，要平等交流，尽量不用命令性质的词语，如"应该""必须""一定"等词语。对自主掌控型，要充分发挥他的潜质，多用鼓励语言，让其有工作的灵活性与选择性。

2.采用适当的批评方式

作为上级，对下级出现的错误或不足之处，都应该批评指正。但不当的批评不仅不能解决问题，相反会增加误解。如何进行有效的批评呢？首先要清楚下级的错在哪里？批评的语言要具体到位，不能笼而统之，让下级摸不着头脑。如对方在什么时间，哪一件事的哪一个方面没有做好，切忌用"你的思维有问题！""你怎么分析的！"等等找不到具体重点的语言。其次心情要平和，只有在平和的心境下才能和下级就事论事地沟通具体问题。最后批评之前先做赞美，先对下级以往工作好的地方给予赞美，再指出不足。

3.善于倾听

一个团队是否融洽，很重要的一点是上级的作用。上级要求下级听清楚自己的指令，同样，上级也应该认真倾听下级的话。作为上级，在下级说话的时候，就要提醒自己是不是已经用自己的权威影响了下级的语言，有没有中断对方的表述？如果常常中断下级的语言，长久之后，下级会不愿意与上级沟通交流，而不沟通交流的团队是一个空白的团队。

三、课堂训练

（一）训练情景、任务与步骤（见表3-11）

表3-11   如何与下级沟通训练步骤

训练情景	表3-10案例	
训练任务	1.三人一组为一个训练单位。根据表3-10案例情景，在小组内分角色轮流进行模拟，并做好对话与礼仪表现记录。 2.教师指定学生面对全班同学模拟演示对话场景，再作点评	
训练步骤	训练内容	补充说明
步骤一	小组研读任务，明确训练目标	
步骤二	小组根据任务分配角色	一同学扮演朱老师，一同学扮演王先生，一同学整理对话并作记录
步骤三	小组分析、商讨： 造成王先生与朱老师沟通不畅的因素； 设计王先生与朱老师能够沟通顺畅的方案	
步骤四	分小组讲述分析结论，阐述设计方案	
步骤五	小组运用所商讨的解决方案，现场模拟	其他同学观看、比较、记录
步骤六	小组成员分享所扮演角色运用不同沟通方法、语言的心理感受	
步骤七	非表演同学谈观看体会并针对训练目标做点评	
步骤八	教师点评	

（二）训练评价记录（见表3-12）

表3-12　　　　　　　　　　如何与下级沟通训练评价记录

被评价人姓名		组别		情景角色	
评价项目	分值	小组评分（50%）	教师评分（50%）	总得分	
1.形象礼仪：服装、服饰搭配、妆容	5分				
2.电话礼仪：接电话、听电话、挂电话	10分				
3.语言表达	电话称呼用语	5分			
	电话对话	20分			
	分享心理感受	10分			
	点评	10分			
	交流体会	10分			
4.交流分析结论与设计方案	10分				
5.团队合作	小组讨论发言积极程度	5分			
	小组分工协作配合情况	5分			
	小组场景布置参与情况	5分			
6.模拟效果	5分				
总计	100分				
评价人					

备注：该评价记录表满分为100分，60～70分为合格，71～89分为良好，90分以上为优秀。

四、自测训练

1.A公司与B学校在柬埔寨有一个合作培训项目，双方合作一直很愉快。现在B学校希望将培训项目提高一个层次，与A公司合作成立一个有资质的独立培训机构。申请成立培训机构需要很多材料，B学校有关负责人林老师已经将所需要材料的中英文版全部准备好。现在需要A公司将材料译成柬文，这个过程出现了问题，一个星期之后，林老师发现材料没有翻译好。林老师急着找A公司办公室主任赵先生，赵先生告诉林老师任务已经下达给了办公室的小李。林老师又去找小李，小李说："林老师，你看，我很忙啊！"林老师应该怎么办？

2．周末，销售部周经理想让下属轻松一下，于是请下属吃晚餐。下班时间到了，他准备到下属办公室叫上下属一起去，刚走到下属办公室门口，就听到里面他的下属小范和工程部小金的交谈声。小金："你们周经理很不错啊，还请你们吃晚饭！"小范："什么不错！笼络人心而已，又不是他掏钱，肯定是用公司的招待费。"周经理只得退回办公室，非常懊恼。请问这个现象说明什么问题？周经理应该怎样和下属沟通？

项目三

> ## 推销

现代市场经济，推销是企业运作过程中必不可少的环节，它是发掘人们的需求和欲望、说服人们购买你的劳务或产品，并使他们得到某种满足的行动。推销的成果如何，和推销技巧的掌握程度有关。

一、案例分析与教学目标（见表3-13）

表3-13   **推销案例分析与教学目标**

<table>
<tr>
<td>案 例</td>
<td>

    傍晚，张先生走在下班途中，迎面走来一位小伙子。下面是张先生与小伙子的对话：

    小伙子："先生，您好，我是金星公司的，我们在搞一个调研活动。耽误您一点时间，我可以问您两个问题吗?"

    张先生："你讲。"

    小伙子："您经常使用电脑吗?"

    张先生："是的，工作无法离开电脑。"

    小伙子："您用的是台式机还是笔记本电脑。"

    张先生："在办公室，用台式机，在家就用笔记本电脑。"

    小伙子："我们最近的笔记本电脑有一个特别优惠的促销活动，您是否有兴趣?"

    张先生："你就是在促销笔记本电脑，不是搞调研吧?"

    小伙子："其实，也是，但是……"

    张先生："你不用说了，我现在对笔记本电脑没有购买兴趣，因为我有了，而且，现在用得很好。"

    小伙子："不是，我的意思是，这次机会很难得，所以，我………"

    很显然，这是一次推销活动，但这个推销是失败的，请分析为什么会失败？推销员在沟通中出现了什么问题

</td>
</tr>
<tr>
<td>案例分析</td>
<td>

    在这个推销活动中，小伙子一是没有找准潜在消费对象；二是开场语言与推销行为不一致，使消费者有被欺骗感；三是没有掌握好推销的步骤。可见，了解与掌握推销技巧非常重要。要做好此次推销，首先应注意与人交往的礼仪，其次要掌握推销的步骤与推销的语言技巧

</td>
</tr>
<tr>
<td rowspan="2">教学目标</td>
<td>知识目标</td>
<td>1.掌握推销的过程与步骤；
2.掌握推销的语言要求与技巧</td>
</tr>
<tr>
<td>能力目标</td>
<td>在不同场景中正确运用推销的语言技巧和礼仪，实现有效推销</td>
</tr>
</table>

二、知识储备

（一）推销语言的要求

1.热情真诚

顾客的身份各不相同，他们的需求也不相同，但只要推销员用热情真诚的推销语

言，就能消除顾客的心理隔阂，最终引起顾客的愉悦反应，由此能带来良好的销售效果。

案例3-15　一位推销员到顾客家去推销红外辐射节能器。点着火后，发现炉盘上火很弱，放上节能器，火不但没能增强反而灭了。顾客不好意思地说："算了吧。"推销员却热情地说："这么弱的火，做饭也成问题，我帮你检查一下，看看问题出在哪里。"顾客答应了。推销员检查后认为炉具本身有问题。于是他把炉具拆开，仔细检查，虽然弄得满身油污，但问题终于查出来了。经修理，燃烧正常。这时顾客说："我本来不想买，没想到你这么热情，我就买一个吧。"这位推销员依靠他热情的语言、真诚的态度、周到的服务取得成功。

2.实事求是

向顾客推销商品时，必须准确地介绍商品的性能、材料、特点、用途、价格等。推销人员不仅要了解产品的质量、使用价值、产品特性和寿命周期等，还要了解同行业竞争者的产品特点，要能对本企业的产品如数家珍，这些都应该遵循在实事求是的原则基础上。自我吹嘘、欺骗的介绍反而会引起顾客的反感，失去顾客，因此介绍时要尽量避免使用"最佳""超级""绝无仅有"等令人难于信服的修饰词。据说有一位推销员，先后向几个国家的客户推销商品，他的介绍语中多次出现"规模世界之巨""地位世界最高""产品世界第一""领导时代新潮流"等语言，结果客户们都很反感，纷纷扬长而去，推销员的夸大其词致使推销失败。

3.有礼

推销人员在推销时要多说礼貌用语，如："劳驾您""请教""打扰""请多包涵"等。最好常用"请"字开头，既显示尊重他人，又给顾客亲切感，为进一步的交流打下基础。如说"等一下"不如说"请您等一下好吗"；说"买什么"不如说"您要看什么，我给您拿，不买也没关系。"说"你看吧。"不如说"请看看"。

4.准确、恰当

推销的语言要准确、恰当，容易理解，不生歧义。如有段时间北京推出"万次火柴"，推销人员这样介绍："这一根火柴，一个盒子，体积小，却可重复使用万次。"消费者一听，既明白又感新鲜，都想尝试一下，推销成功。再如不说"聚苯乙烯拖鞋"，应说"塑料拖鞋"。不说"要男的还是要女的"，应说"请问您是要男式服装还是女式服装"。

（二）推销的步骤

一个成功的推销员在推销商品的过程中，必然是有的放矢，有步骤有程序地推销。一般的推销步骤为：观察顾客，接触顾客，演示样品，解决异议，完成推销。

1.观察顾客

观察顾客指推销员通过对顾客的观察，分析判断可能购买的潜在顾客。这些顾客应该有以下条件：有接近的可能性，有需要的欲望，有购买的能力，有购买的决定权。同时记忆中保留暂时不大可能成为买主但以后具有购买力的人。

2.接触顾客

接触顾客指推销人员要热情、愉快地接待顾客，以便成功地转入推销洽谈。常用的接近策略有：

（1）介绍式接近。不管是新顾客还是老顾客，发现顾客注意某一商品时，就向他做些介绍："这是今天刚上柜台的。""这是某某的新设计。"对一些漫不经心的顾客说："您需要买些什么？"

（2）赞美式接近。即通过夸奖、恭维赢得对方好感，达到接近的目的。往往可用这样的语言："你这身衣服真漂亮，是什么牌的？""你今天的妆化得真好！""您的孩子长得跟你真像，挺漂亮！几岁啦？""你们家的装修很有格调！"

（3）直接式接近。即直接通过自我介绍或他人介绍接近对方，告诉对方推销目的。如："李经理，您好！我是索尼电器公司销售部的业务员，我希望能和您谈谈我公司的新产品，你看行吗？"

（4）吸引式接近。即通过细心的安排，激发对方的兴趣，吸引对方的注意力，由此接近对方，形成推销的良好氛围。如：一天，推销员来到了某超市李经理的办公室。"李经理，您好！""您好。"经理抬头礼节性地应了一句，又埋头继续处理手头的事。"李经理，这是我厂生产的新型不碎玻璃茶具。"李经理头也不抬，显得毫无兴趣。推销员出其不意地说："李经理，您注意看好啦！"李经理略抬眼睛，看了一下推销员。推销员抓准机会把手中的玻璃杯子抛向空中，落在水泥地上，发出"砰"的一声。李经理欠起身，看着地上，推销员捡起杯子恭恭敬敬递到他手中，一边说道："没惊着您吧！您看到啦，这杯子确实不同于你们现在出售的普通玻璃茶具，不容易破碎是它的最大优点。"李经理对新型不碎玻璃茶具产生了兴趣，推销员的推销成功了。

3.演示样品

演示样品即显示商品的功能，是产品推销的关键环节，是推销人员运用一定的方法和技巧说服顾客购买的过程。这时第一要做到自信，相信所推销的产品；第二要语言表达清楚、准确。这里谈几点商品演示要注意的问题。

（1）反应要敏捷，随时恰当地更正对顾客的错误判断。

（2）假如顾客是小孩或做事犹豫不决的人，出示的商品要少而单一，不要多而复杂，应该是他最可能购买的商品。

（3）可让顾客亲手试用商品，推销员只要介绍商品最显著的特点。如："款式新颖。""价格优惠，一台20元。"

（4）对介绍自己所推销的商品不要刻意夸耀，要有客观性，以免夸大其词，同时也不要贬低竞争者，使人觉得不可信。

注意：可以重复强调与顾客一致的意见，以加深顾客的印象，刺激他们的购买欲望。

4.处理异议

顾客针对推销人员演示的商品随时有可能会提出不同的意见和看法，推销人员必须认真对待顾客的异议，仔细分析异议的性质及产生异议的主要根源，然后有针对性地解决。常用的方法有：

（1）主动提异。

推销人员在顾客还没有提出异议之前，主动提出顾客可能提出的问题并进行适当答复。这样可以使推销人员争取主动，预先解除顾客疑虑，有利于推销成功。例如："我们产品的价格可能比别人贵，这是因为产品的功能多、质量好、寿命长、高保险、易操作，我们是按质论价。另外我还告诉你一个情况，由于原材料紧俏，这种产品可能还要涨价呢！"

（2）直接询问。

推销人员直接询问顾客异议，找出异议根源，并作出相应的答复与处理。例如，顾客："报纸上对你们的产品有批评。"推销人员可以说："你能告诉我报纸上对我们的产品提出了哪些意见吗？或许我能帮您弄清某些事实。"

注意：此时不要步步紧逼，否则会引起顾客的反感。

（3）转折排异。

推销人员在解决顾客的异议时，可以先肯定，再转折。即先同意顾客的观点，甚至赞赏他的眼力，然后用转折词回转说出自己的看法。此法在使用中已形成一种格式，如"是这样的，但是……""这个问题提得很好，不过……"等。如当推销人员给顾客出示产品时，顾客说："我不需要这种东西。"推销人员可以说："是呀，许多顾客开始时都认为自己不需要，但是，当真正了解了这种产品的用途以后都改变了看法。"

（4）实惠排异。

顾客提出异议后，推销人员可以用突出显示商品最切实的优点的方法，让顾客感到实惠，由此来补偿或抵消顾客的异议。如，顾客说："你们产品的价格比某某牌的价格要高得多，我不买。"推销人员可以说："是的，我们的这种产品价格是比别家同类产品要高。但是我们的产品质量好，使用寿命长，保修期长，又有保险，而且送货上门，负责安装。另外，我们的产品更新得比较快，等新产品出来的时候，您可以花少量的钱换一台新的。"

5.完成推销

完成推销是推销过程的最终目的。当你在介绍解说时顾客出现神色活跃、态度友好，仔细查看样品，反复阅读说明书，不断地询问各类问题，如交货时间、交货方式、产品维修和保养、有无售后服务等情况，说明顾客只差一点决心就购买了。此时推销人员就应及时把握这一信息，认识到完成推销的时机已到。进一步刺激顾客的购买欲望，增强购买信念，顺利完成推销。推销员怎样进一步刺激顾客呢？

（1）直接促成购买。

推销人员选择顾客对产品兴趣最浓的时候直接主动提出要求，促使顾客立即作出购买决定。这要求推销员根据顾客的情绪、神态、语言作出判断。如，"这种颜色确实很漂亮，既然喜欢，就买吧！""别再犹豫什么了，这种产品不论质量还是价格都是最合适的，订货吧！"

（2）试探促成购买。

推销人员在推销过程中发现一些顾客性格较随和，并对产品显露出兴趣，那么可以试探地问："如果您买了的话……""我们把货送到你家，并且……""这是订货单，您看……"

（3）选择促成购买。

推销人员不厌其烦地让顾客进一步选择，从而促成购买。如，"您是想要大包装，还是小包装？小包装用起来方便些，我看您还是买小包装吧。""您喜欢红色还是蓝色，蓝色比较典雅，我看蓝色比较适合你高雅的气质。"

（4）激将促成购买。

推销人员利用顾客（特别是男顾客）的逆反心理，用巧妙的语言碰击顾客的自尊心，促成购买。如，"先生，您不用征求您太太的意见吧？"注意运用这种方法语言要诙谐幽默，轻松自然，否则会弄巧成拙。

（5）利益促成购买。

利用顾客求实惠的心理，向顾客说明现在购买的好处，让顾客感到自己的利益得到保障，促使顾客立即购买。如，"这个月要涨价。""这种型号的只有一件了。"注意这种方法要在条件许可的情况下。

注意：如果推销不成功，不能翻脸不认人，态度冷淡，而应为下次推销做准备。推销员应该热情地说："您什么时候来，我们都竭诚为您服务。""我三个月以后再来。"

（三）推销技巧

1.犯难推销法

推销员针对自己产品的长处，故意制造一些麻烦，然后用自己的产品解决麻烦，以吸引推销对象的注意力，达到完成推销的目的。

案例3-16　日本一家铸砂厂的推销员为了重新打进已多年未曾来往的一家铸铁厂，多次前往该厂，但该厂销售科长始终避而不见，推销员则紧缠不放，于是那位销售科长迫不得已给了他五分钟时间见面，希望这位推销员能知难而退。这位推销员胸有成竹，在科长面前一声不响地摊开一张报纸，然后从皮包里取出一袋砂，突然倾倒在报纸上，顿时砂尘飞扬，几乎令人窒息。科长咳了几声，大吼起来："你这是干什么？"这时推销员才不慌不忙地开口说话："这是贵公司目前所采用的砂，是上星期我从你们的生产现场向领班取来的样品。"说着他又在地上另铺一张报纸，又从皮包里取出一袋砂倒在报纸上，这时却不见砂尘飞扬，使科长十分惊奇。紧接着推销员又取出两个样品，性能、硬度和外观都截然不同，使那位科长惊叹不已。就是在这场戏剧性的表演中，推销员成功地接近了顾客，顺利地赢得了一家大客户。

2.实物感受推销法

让顾客亲眼看到、亲手摸到产品，甚至亲自操纵，增强顾客的感性认识。

某商场推销一种优质进口床褥。由于顾客对这种新产品不甚了解，无人问津。经理出了一个点子，让人在商场门口放一张床褥，再竖一块告示牌，写道："踏断一根弹簧，送你一张床褥。"结果顾客蜂拥而至，争先在这张床褥上蹦跳，热闹的程度成为商场的一道风景，该产品的销量也直线上升。

3.赞美推销法

没有一个人不喜欢赞美，恰到好处地对推销对象的衣着、谈吐、工作环境、性格、能力等进行赞美，有助于推销人员迈出推销的第一步。

案例3-17　有一个推销员走进商场经理办公室推销儿童自行车。见女经理正在埋头写一份东西，从桌上凌乱的程度看经理一定忙了很久，而经理的一头乌黑发亮的头发很引人注目。推销员是这么开口说话的："好漂亮的长发啊，我做梦都想有这么一头长发，可惜我的头发又黄又少。"只见女经理疲惫的眼睛一亮，回答说："没以前好看了。太忙，瞧，乱糟糟的。"同时经理也起身问道："你是……"推销员马上说明来意，经理饶有兴趣地听完介绍，最后推销员成功了。

4.迎合观点推销法

当顾客提出不同的观点时，千万不要同顾客发生正面冲突，可以先肯定顾客观点，再推销你的产品。

案例3-18　欧哈德是纽约怀德汽车公司的著名推销员。他曾经这样说："现在，当我听到对方说：'什么，怀德汽车？不好！我要的是何赛汽车！'我便会说：'老兄，何赛的货的确不错，名牌产品嘛！'这样他就无话可说了，也就没有抬杠的机会了，我同意了他的看法，他总不能说一下午的'何赛好'吧？我们不再谈论何赛了。于是，我就开始介绍怀德的优点。真有趣，当我向对方表示拥护他的观点之后，他竟很快变成了一个有宽容态度和同情心的人了。"

5.报价推销法

价格是顾客决定是否购买商品最关心的因素之一，而推销人员的报价是顾客的第一印象。第一印象的好坏直接影响了推销效果，所以推销人员要掌握报价的技巧。下面是一个用对比的方法报价的案例。

案例3-19　顾客问："这件大衣多少钱？"推销员可答："450元，这是纯羊毛的，一般毛纺的都是300元左右，差100多元，质量可就好一个档次。"用充分宣传优点的方法报价。顾客问："这盒茶叶多少钱？"推销员答："半斤装80元一盒，这种茶叶零买一两就要20元，密封盒装茶叶味道比散装的要好得多，茶叶用完了，茶盒还可继续用呢！"

6.定型推销法

在日常生活中，人们会潜意识地根据年龄、衣着、行动、语言等把人划归为几种类型，并且认为一种类型的人有它固有的特征。由此，推销人员可以根据推销产品的不同把自己扮演成不同的角色推销产品，这样会产生亲和力，容易与顾客交流。如，推销玩具，可以幼儿教师的形象出现；推销化妆品，可以美容师形象出现。

7.转换角色推销法

推销人员站在顾客的角度推销产品，每一次的推销对话要根据不同购买对象的不同需求进行调整，既让顾客对产品有清晰的了解，又要积极诱导顾客产生兴趣，刺激购买欲望。

案例3-20　有一个推销员向顾客推销49英寸大屏幕液晶电视，顾客不打算买大屏幕，原因是顾客认为自己的房子小，不适合大屏幕。推销员问："你家客厅多少面积？"顾客答："14平方米。""14平方米的房子不买大屏幕，那在什么房子里能看大屏幕呢？我十年前用的是14英寸彩电，当时大家都是这个尺寸，大家觉得电视机太大，房子不适宜，可现在谁还用14寸电视呢？去年我换了大屏幕，一点也不觉得距离近，我的房子也是客厅14平方米。现在已时兴大屏幕，如果你现在买小电视，几年之后就过时了，买了大的至少可以用上十年……"顾客最终接受了推销员的建议，推销成功。

三、课堂训练

（一）训练情景、任务与步骤（见表3-14）

表3-14 推销训练步骤

训练情景	表3-13	
训练任务	1.三人一组为一个训练单位。根据表3-13案例情景，分角色在小组内轮流进行模拟，并做好对话与礼仪表现记录。 2.教师指定学生面对全班同学进行模拟演示对话场景表演，再作点评	
训练步骤	训练内容	补充说明
步骤一	小组研读任务，明确训练目标	
步骤二	小组分析任务中小伙子推销失败的原因	将分析结果记录下来
步骤三	小组商讨完成此次任务的语言技巧及注意事项等，并设计有效推销方案	
步骤四	小组代表阐述任务中小伙子失败原因以及所设计的有效推销方案	
步骤五	小组分配角色，将设计方案模拟演示	其他同学观看、记录
步骤六	同学评价模拟效果	从推销语言、技巧到礼仪三方面评价
步骤七	教师点评	

（二）训练评价记录（见表3-15）

表3-15 推销训练评价记录

被评价人姓名		组别		情景角色	
评价项目		分值	小组评分（50%）	教师评分（50%）	总得分
1.形象礼仪：服装、服饰搭配		5分			
2.见面礼仪：递名片、行礼		10分			
3.语言表达	见面寒暄称呼	10分			
	自我介绍	10分			
	推销过程语言	20分			

4.分析任务失败原因、方案阐述		10分			
5.推销结束后表现		5分			
6.模拟演示评价		5分			
7.推销效果		10分			
8.团队合作	小组讨论发言积极程度	5分			
	小组分工协作配合情况	5分			
	小组场景布置参与情况	5分			
	总计	100分			
	评价人				

备注：该评价记录表满分为100分，60～70分为合格，71～89分为良好，90分以上为优秀。

四、自测训练

1. 下面是一个推销案例，请评价推销员的推销语言与技巧。如果你是这个推销员，你会怎么做？

王翰是一家专门销售汽车配件的公司的销售人员，他去拜访汽车维修公司采购部经理吴欣，他与吴经理约定上午九点在吴经理办公室见面。但王翰在吴经理办公室外等了半个小时，才由秘书将他带进吴经理办公室。下面是王翰与吴经理的对话：

王翰：您好，吴经理。我是万达汽车配件公司的王翰，我想和您谈谈我们的产品。

吴欣：请坐（吴经理平静地指着桌前一张椅子）。我得告诉你我们现在的存货可以再用三个月，而且，我们公司有固定的供货商。

王翰：（坐下）谢谢！您知道万达汽车配件公司是全国最大的汽车配件公司之一。我们的服务和价格都是最优质的。

吴欣：为什么说你们的服务是最优质的？

王翰：因为我们对全国的每个销售点都保证在24小时内发货，如果我们当地的储备不足，我们会空运供货。我们是业界唯一通过空运供货的公司。你们通常的订货量是多少，吴经理？

吴欣：这要看情况而定。

王翰：大多数公司都订一到两个月的货。你们一年之中有多少用量？

吴欣：只有看了你们的产品之后，我才想谈定货的问题。

王翰：我明白，我只是想弄清你们的订货量，以便决定对你们的价格折扣。

吴欣：我想，你们的价格和折扣不会比现在的好。我想给你看一份价目单。

王翰：我相信各个厂家之间价格的竞争会很激烈，这是我们最新的价目单，您可以比较。如果把价格与产品质量和服务保证联系起来，您会发现我们的产品很具吸引力。

吴欣：也许吧！

王翰：许多和你们公司类似的公司都不止一家供货单位，这可以保证供货的稳定性，我们愿意成为你们的供货商之一。

吴欣：我只想有一家供货商，这样我可以得到更多的折扣。

王翰：你考虑过两家轮流供货吗？这样您可以获得相同的折扣，并且货源更加充足。

吴欣：让我考虑考虑，把你随身带来的文件留下来我看看吧。

2.下面是一则推销案例，你认为推销员做得怎样？有需要改进的地方吗？

刘小姐在商场推销拖布，今天她再次拜访一位客户。刘小姐："张先生！您好！"张先生："你好"。刘小姐："张先生，上次给您提到的拖布的事情，您考虑得怎么样了呢？" 张先生："我觉得没有什么用。"刘小姐："这样的，张先生，因为现在我们6月份做促销，原价398的拖布现在价格只需要198就可以了。" 张先生："你们那拖把有什么不同？"刘小姐："这个拖把最主要的就是能拖到各个角落，一般拖把拖不到的地方，它也能拖到。" 张先生："促销有些什么优惠？"刘小姐："您现在购买，包括一个拖把、一个拖布和一个控水的水桶，然后我们再送您一个拖布。" 张先生："可以使用多长时间呢？"刘小姐："正常情况下使用2年肯定没有问题。"张先生："我可不可以看过货后，如果喜欢，再交钱，不喜欢，我就退掉。" 刘小姐："是需要您检验的，您看过包含了我给您讲的四件套，您再付钱。如果没有，可以不用付钱的。" 张先生："好的，我考虑下，再联系。" 刘小姐："好的，考虑清楚再和我们联系。谢谢，再见。"

项目四

> ## 商务谈判

随着我国经济的飞速发展，各企业和单位常会进行商务谈判。商务谈判是指具备一定条件和资格的交易双方，为了满足各自的需要，实现各自的目标，进行洽谈磋商，通过不断调整各自提出的交易条件以达成协议的过程。在商务谈判过程中，交易双方都希望获得利益的最大化，因此商务谈判的目的是满足双方的经济需要，实现互惠互利。这就需要通过双方各自的阐述和说服，使对方认识、理解、承认以至接受某些观点。可见，语言是商务谈判中的桥梁，本项目由案例引导，着重从商务谈判的语言沟通技巧与礼仪展开训练。

一、案例分析与教学目标（见表3-16）

表3-16　商务谈判案例分析与教学目标

案　例	A公司与B宾馆口头约定租用B宾馆一会议室一个月，用于开展职业培训。在临开课前三天，A公司培训部钱经理接到B宾馆陈经理电话，告知因前期洽谈人员的失误，租金采用了去年的标准，现在要求按照今年的标准，也就是说要提高租金。钱经理进行了费用核算，发现如果按照B宾馆经理给的标准进行核算，此次培训盈利极少，而且A公司已经将开课前所有准备工作都做好，入场券已经印好，并且已经发出。第二天，钱经理和财务部张总监以及下属小赵到B宾馆，与陈经理进行谈判。这场谈判应该怎样进行才对双方都有利	
案例分析	A公司到B宾馆洽谈租金问题，是一次商务谈判，A公司是客方与被动者，显然从环境等因素看对A公司不利。要谈好此次租金问题，作为谈判者应该注意商务谈判的礼仪，了解商务谈判的过程以及商务谈判语言要求等	
教学目标	知识目标	1.了解商务谈判的过程； 2.掌握商务谈判的语言要求
	能力目标	能够恰当地进行商务谈判，达到双赢目的

二、知识储备

（一）商务谈判的过程

1.开局

谈判的开局是正式谈判的序幕，有经验的谈判人员都非常重视开局，因为开局的好坏将影响谈判的前景。开局阶段要完成以下任务：

（1）创造良好的谈判气氛。

谈判开始时的话题最好是轻松的，使双方在一种诚挚、友好的气氛中进行谈判。双方可以随便聊聊，谈谈个人兴趣、风土人情、时事新闻，还可以向对方致以问候或说一些关心对方的话。比如："欢迎您，见到您真高兴。""首先请允许我对您的平安到达表示祝贺，旅途愉快吗？到过哪些地方？""今天天气真好，这预示我们的合作会取得成功。"还可以谈谈曾经到过的地方、接触过的人等。对于彼此有过交往的，可以先叙谈一下以往经历和共同获得的成功。总之，开场的一切活动，一方面要能够为双方建立良好关系铺路，另一方面要能够了解对方的特点、态度和意图。

（2）开场阐述。

寒暄过后，谈判就将进入正题，双方要阐述各自的观点和立场，这是谈判的重要步骤。开场阐述一般是在事前做好准备，以免偏离主题或遗漏重要问题。阐述时要做到语言精确、清晰、简洁、委婉、生动。

案例3—21　甲方："我们对贵厂所能提供的原材料很感兴趣，准备购进一批。我们与其他厂家也打过交道，对我们来说，关键是时间问题，我们想以最快的速度达成协议。因此，我们希望开门见山。虽然我们以前从未打过交道，但根据各方面反映，贵厂信誉很好。预祝我们的合作成功。"

乙方："贵方对我们的产品感兴趣，我们非常高兴，也非常愿意出售我们的产品。但是，我们的产品数量有限，市场目前比较紧俏，当然，这一点是灵活的。我们关心的是价格问题。正因为如此，我们才不急于出售数量有限的产品。"

（3）提出交易条件。

即交易的一方向另一方提出各项交易条件，并表示愿意按照这些条件达成交易、订立合同，也称"发盘"或"报价"。交易条件可用书面形式提出，也可在谈判中口头提出，两种方式各有所长，可根据谈判内容的具体情况来选用。发盘要依据两条原则，即对发盘者最有利和成功的可能性最大。发盘前应该了解市场行情，参照近期的成交价格，结合己方的经营意图，确定大致的发盘范围。无论是买方还是卖方，发盘时态度要坚定果断，毫无保留，表述要明确，不必用任何理由为自己的报价进行解释和说明。

案例3—22　王先生有一栋位于市中心的房子，此房的地点价值远远大于居住价值，他想卖掉此房，有一家开发公司想买下来，派吴先生出面开始谈判。

"您好，王先生，很高兴见到您。我在电话里已经告诉过您，我们老板对您的房子有兴趣，特派我来与您商谈价钱。"

"很好，吴先生，这栋房子对任何搞房地产的都有吸引力，很有价值。"

"是的，我们老板也这么认为。不过，他所感兴趣的只是那块土地，不是房子。"

"那是自然了。不过，我不断接到买主打来的电话，就在您来之前，我还回绝了一位买主，因为价格谈不好。"

"价格是可变化的，我认为时机更重要。要不是我们老板对这栋房子感兴趣，我也不会占用您和我的宝贵时间了。"

"是的，我知道。那么，请问你们的出价是多少？"

"我们老板愿意出17万元，现金交易。"

2.讨价还价

如果交易条件提出后，双方均无异议，这是谈判中最希望出现，也是最简单的情况，谈判因此可直接进入签约阶段，但这种情况很少发生。一般情况下，当交易一方发盘之后，另一方不会无条件接受，而会提出"重新报价"或"改善报价"的要求，这就是"讨价"。发盘方根据对方的要求修改了报价或未修改报价，又向对方征询意见，对方如果提出一个价格，这就是"还价"。对方如果接受或降低了要求，这就是"让步"。因此，讨价还价有三层含义：一是讨价，二是还价，三是经过多次的反复，一方或双方做出让步。下面我们就从三个方面介绍有关技巧：

（1）讨价策略。

①投石问路。即针对对方的报价，不急于还价，而是提出与价格有关的假设条件，请对方回答。在卖方的回答中搜集可能出现的对己有利的信息，寻找还价机会。例如："假如我再增加一倍的订货，价格会便宜一点吗？""假如我们一次性付款呢？""假如我们自己提货呢？"

通过这样提问和对方的回答，有经验的买主可从中了解生产成本、价格政策等，然后提出有利的还价。

②严格要求。即在对方的产品质量、性能等使用价值方面和成本价格及运输等方面寻找"疵点"，也可将卖方产品及其交易条件与其他卖主的产品和交易条件相比较，使卖方不得不承认自己的弱点。例如："贵厂生产的成套茶具，茶壶的手柄太粗，茶杯镀金不匀，很难卖到这个价啊！"

（2）还价策略。

①小处入手。即选择与己方欲成交价格差距小的部分先还价，这样相对容易被接受，从而对进一步谈判有信心。另外对大型项目、成套设备的交易，可分批还价，从小处入手。比如对方报价：主机50万元，技术费10万元，零配件5万元。还价就从零配件入手，顺利的话，再谈技术费和主机，不断巩固谈判成果。

②利用竞争。即充分利用或制造许多对手竞争的局面，采用"货比三家"的技巧，说明各家报价和交易条件的合理性，再提出价格和成交条件。比如可说"某某厂给我们的价格是多少""我们刚刚拒绝了一位出价比你们好得多的客户"等。

③反客为主。即在对方提出的条件过高、态度十分强硬时，把对方引到对双方利益的探索上来。比如对方报价20万元，这时可以问："能不能告诉我们，为什么值这个价钱？""这个价格是否与市场上同类商品价格相当？"让对方作价格解释，由此了解对方是如何估价的，然后再还价。

（3）让步策略。

谈判人员要想在讨价还价中不出现僵局，必然要作出妥协或利益的牺牲，促使谈判继续进行。让步有积极让步和消极让步之分。积极让步是以某些条款上的妥协来换取主要方面或基本方面的要求，消极让步是以单纯的自我牺牲求得打破僵局、维持谈判，这种情况大多出现在处于劣势或有求于人的谈判一方。一般情况下的让步都应采用积极让步，让步时应掌握以下基本原则：

①不轻易让步。让步意味着牺牲某些利益，无疑是令人痛苦的，因此，只有在最需

要时才作出让步。

②不作无利益的让步。让步的根本目的是保证和维护己方的欲得利益，如通过让步能从对方那里获得其他利益补偿；或换取对方在其他方面作出相同幅度甚至更大的让步。

③一次让步幅度不宜过大，让步次数也不宜过多。让步过大会让对方觉得还有讨价还价的余地，进攻欲望更强。让步过多不仅意味着利益损失大，而且影响谈判信誉、诚意和效率。

（4）其他技巧。

谈判双方还可以根据在谈判中所处形势，选用以下技巧：

①优势条件下的谈判技巧。

A.不开先例技巧。这是处于优势的一方为了坚持己方提出的交易条件，尤其是价格条件，而采用对自己有利的先例来约束对方，从而使其就范，接受己方交易条件的谈判技巧。例如：

需方："根据贵方所提出的价格，每台2 100元，我们确实不能接受，请贵方再考虑一下，能否再优惠一点，每台再少100元怎么样？"

供方："贵方的要求的确令我为难，三年多来，对所有的客户都是这个价格。如果这次给贵方破例，以后对其他客户就难办了。真对不起，每台2 100元的价格已经很低了，我方不能再优惠了。"

B.先苦后甜技巧。这是指在谈判中，先提出一些苛刻条件，给对方一个"苦"的信号，目的在于降低对方的期望值，然后再给点优惠，作点让步，使对方感到已经占了很大便宜，从而欣然作出重大妥协。比如，买方想要在价格上多打些折扣，但他们也估计到，如不增加购买数量，卖方不会接受。于是买方先在价格、质量、包装、运输条件、交货期限、付款方式等一系列条款上都提出了十分苛刻的要求，然后在讨价还价的过程中让卖方明显地感到：在绝大多数的条款上买方都"忍痛"作了重大让步。卖方面对买方的慷慨表现，会感到比较满意，因此往往会同意在价格上打点折扣。

C.价格陷阱技巧。这是指卖方利用传递商品价格上涨信息和人们对涨价的不安情绪所设的诱饵，把谈判对方的注意力吸引到价格上来，从而使买方忽略对其他条款的讨价还价。例如某汽车制造商表示："我们的产品质量经国家鉴定为一级品，由于原材料涨价和职工工资上调等因素，成本已经超过原销售价格，但为了照顾老用户和老朋友的利益，我们决定：凡是在本次订货会期间签订合同的，每辆汽车仍按27万元计价，在会后订货，每辆车的价格则为28万元。"买方只考虑价格上的优惠，赶紧订了货，而原来打算在除价格条款之外的商品质量、交货时间、付款期限、售后服务、技术提供和培训等条款上准备争取的优惠条件，就被忽视了。

②劣势条件下的谈判技巧。

A.权力有限技巧。这是指谈判人员发觉自己正将被迫作出决不能接受的让步条件时，立即申明没有被授予作这种承诺的权力，以使对方放弃所提出的条件。这种策略通常是实力较弱一方的谈判人员讨价还价到最后时刻而使出的一张王牌。比如在对方的要求超过自己的权限范围时，可以优雅地向对方说："很抱歉，这不是我个人的问题，因为我不能在超越权力范围以外的条件上再作出让步。"

B.疲惫技巧。就是通过"软磨硬泡"，干扰对方的注意力，瓦解意志，消磨精力，从而寻找机会达成谈判协议。

3.定局

定局是谈判过程中经过谈判人员的努力，促使对方下定决心成交的阶段。这一阶段也不会是一帆风顺，结果也并非都是成交。因此，在这一阶段谈判人员要能做到以下几点：

（1）把握定局的时机。

一般来说，谈判进入定局阶段，会出现明显标志，比如谈判人员较多地说"实话"、亮"底牌"，声明"宁愿不成交也不再退让了"；言辞越来越简单、态度严肃认真；提出有关支付方式、交货时间、保养维修、服务等方面的问题；索要更详细的资料；通过行为语言，如与同事商量、点头等，表现出接受的意图。

（2）掌握定局的催促策略。

根据谈判具体情况可以采用以下定局策略：

①分段决定。这是为了避免在定局时产生大的矛盾和阻力，就把谈判的定局分成几部分，让对方分段作出决定。例如：

"昨天我们已经谈好了交易的主要条件，上午我们又全面讨论了各项条款，下午我们是不是可以讨论合同条款的书写问题了？"

"王总，你看我们合作的基本原则是不是就这么定了，下一步具体问题由我们双方的技术专家们谈吧。"

②诱导反对。有时谈判的对手已产生浓厚兴趣，却又犹豫不决，此时他们一定还有某些反对意见；有时在谈判即将结束时对方还要提出某种反对意见以增加谈判筹码，或作为成交的表示。那么就要及时启发、诱导他们尽早说出这些意见，这样才有可能解决问题，促成定局。

③分担差额。谈判进行到最后时刻，如果对某个重要条件仍有分歧，而且一时难以统一意见，这时双方都可以提出"差额"部分由双方分担，从而加速定局。

④最后通牒。在一方不想与对方合作时，或者已经把价格降到无法再降时，还有为了避免对某个客户减价而导致对所有的客户都要减价时，可以"时间紧迫，必须限期完

成交易""成本太高，价格无法再降""按此价格成交符合惯例，否则今后无法再与其他客户进行交易"等理由作最后通牒。

4.签约

签约是以双方达成的一致性意见为基础，对谈判内容加以整理，采用协议或合同形式，用准确规范的文字加以表述，再由双方签字盖章使之生效并具有法律效力的工作过程。由于谈判中达成的一致性意见在用书面语言表述时往往会出现误差，所以还需要参加谈判的人员根据议定的内容严肃认真地进行推敲、加工，以防"白纸写成了黑字"，造成意想不到的损失。比如："为对方提供交通方便，在一定范围内给予免费"，写在合同里，就要明确"一定范围"的含义，可以写成"在距离为10公里汽车路程以内给予免费"。另外，买卖双方签订了合同，只是交易的开始，而不是结束。在合同执行的过程中，双方还会因为一方权利受到损害导致重开谈判，因此，签约后可能还会有谈判。

（二）商务谈判的语言要求

谈判是运用口语表达观点，用头脑进行分析、判断，然后再用口语将"判"的结果表达出来。因此谈判的过程就是运用口才的过程，离开了双方的言语，谈判就不存在了。在使用谈判语言时，要注意做到以下几点：

1.说话要简练与啰唆相结合、委婉与直率相结合、幽默与严肃相结合，明确与模糊相结合

简练就是用尽可能少的句子表达尽量多的内容，要做到说话没有闲言废语，对准谈判目标，突出讲话主题，条理清楚。但有时处于被动处境中，可以使用清醒中的啰唆技巧，以扰乱对方思路，给自己改变局面创造条件。

委婉就是运用含蓄的、留有余地的模糊语言表达。在谈判中，由于特定原因，有些话不便直说，可以用模糊性语言委婉地表达，给自己和对方都留有面子。例如：不能说"你们的要求是无理的，我们不能接受"，而要说"对你们的要求，我们商量一下再主动与你们联系"。试探对方的态度可以说"如果……你觉得怎么样"；"我们对这笔交易（项目）有兴趣"；"将尽可能认真研究贵公司意见"。不要说"绝不"；不要总用"可以"和"不可以"来回答问题。但有时候却要用直率的语言表达，给对方以明确的信息。如坦然自若地拒绝对方不合理的想法；有条件地提供服务等。

当讨论问题达到高潮或原定期限即将到来时，紧张的气氛常使人变得烦躁、疲劳，这时用幽默的语言，可以缓和紧张气氛。幽默还可用来回答难以回答的问话和指出对方的谬误。要注意的是：不能喧宾夺主，使谈判变得轻浮。应该需要幽默时幽默，该严肃时严肃。

一般说来，谈判的语言应该明确、清晰，以体现信誉、诚意，但有时不能把话说死，否则将会给自己造成被动，这种情况下就要使用模糊语言了。显然，这种"模

糊"，就是说话留有余地的意思。

2.学会倾听和察看

谈判中的语言交流是双向的，能否准确、全面地接受对方传递的信息，了解对方的需求、愿望、关心和忧虑，就必须学会倾听。另外，认真仔细地聆听对方的谈话也可满足对方的自尊心，从而获得对方的尊重，形成和谐的谈判气氛。在谈判中，谈判人员除了用口语交谈外，同时也在用体态语言交流。因此谈判人员不仅要从对方的言谈话语中揣摩其心理变化，还要从对方的姿态、表情、动作等体态语言中测定其意向表示。学会了察言观色，才能获得比较可靠的信息，准确无误地把握谈判的主流和中心，以利于不断调整自己，快捷地作出判断。

3.善于有效提问、巧妙回答

在谈判中，提问和应答是语言的主要表达方式。学会了提问和应答就等于学会了驾驭谈判。为了达到提问的目的，必须注意两点：一是提出什么问题，二是如何提问。

就提问而言，有多种目的。有的为了获得资料，如"请告诉我为什么它值这个价钱？"有的为了刺激对方思考，如"你有把握吗？"有的为了促使对方作出决定，如"你们想要哪一种，蓝的还是红的？"

在谈判中打算提什么问题，预先要做好准备。确定了问题之后，还要讲究提问的方式。方式不同，效果不一样。有效的提问必须真诚，而且常常使用一定的提问模式，即："陈述+疑问语缀"。如"你对这个问题还有什么意见？"这一问句的有效提问是"你是能帮助解决这个问题的，你有什么建议？"。

在谈判过程中，双方都会提出不少问题要求对方回答。一般性的问题好回答，如果是难题就不容易快速而准确地作出回答。在这种情况下，一定要把握好回答问题的原则，即什么应该说、什么不该说。在谈判前，应假设一些难题来思考，预备好问题的答案。回答问题之前，要给自己一些思考的时间。回答时要有针对性、灵活性，有些问题可作不彻底回答或不确切回答，如：对方问"价钱是多少？"可以答"我想你一定会对价格感到满意的。我可以先把这种机器的性能向您介绍一下吗？"另外，回答难题时可尽量利用幽默。

4.谈吐文雅，举止适度

谈判人员在言谈时，态度必须诚恳谦逊，讲究文明礼貌，说话时声音的高低、语速的快慢都应十分恰当。不管碰到什么样的谈判对手，都不能油腔滑调、讽刺戏弄甚至恶意攻击。

（三）商务谈判的礼仪要求

商务谈判过程中的礼仪包括谈判前的准备阶段、谈判进行中、谈判结束后三个阶段。

1.谈判前

（1）确定谈判人员，遵循职务、身份对等原则。也就是说双方谈判人员的身份、职务要相当。

（2）整理仪容仪表，男士要刮净胡须，穿西服必须打领带。女士穿职业套装，化淡妆。

（3）布置好谈判会场。

①谈判室的选择与布置。小规模谈判可在会客室，有条件的话最好安排两三个房间，一间作为主要谈判室，另一间作为双方进行内部协商的协商室，再配一个休息室。

②谈判桌摆放及座次安排。可采用长方形或椭圆形的谈判桌。若谈判桌横放，则正面对门为上座，应属于客方，背面对门为下座，属于主方。若谈判桌竖放，则应以进门方向为准，右侧为上，属客方，左侧为下，属主方。双方主谈人各在己方一边的中间就座，译员安排在主谈人右侧，其余人员则遵循右高左低的原则，依照职位高低自近而远地分别在主谈人两侧就座。

（4）对谈判主题、内容、议程作充分准备，制订好计划、目标及谈判策略。

2.谈判中

（1）主方准时迎候。

主方人员应先于客方到达谈判地点，当客方人员到达时，主方人员在大楼门口迎候，亦可指定专人在大楼门口接引客人，主方人员只在谈判室门口迎候。

（2）介绍成员。

双方由主谈人介绍各自成员，互相握手、问候、致意。然后由客方先行进入谈判室或宾主双方同时进入谈判室，主方人员待客方人员落座后再坐下。

（3）茶水等服务。

双方人员入座后谈判正式开始，这时非谈判人员应全部离开谈判室。谈判进行中，双方要关闭所有的通信工具或将通信工具调到静音，人员也不要随便进出。主方应提供茶水、咖啡等饮料，服务人员添茶续水要小心动作，可在休会或某一方密谈时进行。

3.谈判后

（1）送别。

谈判结束后，主方人员应将客方人员送至电梯口或送到大楼门口上车，握手告别，目送客人汽车开动后再离开。

如果安排了与谈判内容密切相关的参观考察活动，则应在参观点安排专门的接待人员，并悬挂欢迎性的标语横幅。

（2）签约。

签约仪式上，双方参加谈判的全体人员都要出席，共同进入会场，相互致意握手，一起入座。双方都应设有助签人员，分立在各自一方代表签约人外侧，其余人排列站立在各自一方代表身后。

助签人员要协助签字人员打开文本，用手指明签字位置。双方代表各在己方的文本上签字，然后由助签人员互相交换，代表再在对方文本上签字。

签字完毕后，双方应同时起立，交换文本，并相互握手，祝贺合作成功。其他随行人员则应该以热烈的掌声表示喜悦和祝贺。

三、课堂训练

（一）训练情景、任务与步骤（见表3-17）

表3-17　　　　　　　　　　　　商务谈判训练步骤

训练情景	表3-16案例	
训练任务	1.六人一组为一个训练单位。根据表3-16案例情景，一个小组分为A公司与B宾馆两个小队，分角色轮流进行模拟，并做好对话与礼仪表现记录。模拟谈判为一个小组中的A公司成员与另一小组的B宾馆成员进行谈判，这样谈判成员之间具有陌生感，以增加谈判的真实感，训练学生应变能力。 2.教师指定学生面对全班同学进行模拟演示对话场景，再作点评	
训练步骤	训练内容	补充说明
步骤一	小组研读任务，明确训练目标	
步骤二	小组根据情景任务分配角色，商议谈判策略与技巧	B宾馆出席的谈判人员小组自行确定
步骤三	根据任务要求布置谈判场所	
步骤四	教师指定一小组A公司成员与另一小组B宾馆成员进行实景模拟谈判	其他同学观看、记录模拟谈判中的优缺点
步骤五	模拟谈判小组分别派代表谈模拟过程感受	
步骤六	观看同学对模拟谈判过程同学表现与谈判效果点评	对认为不妥之处提出修改方案
步骤七	教师总结点评	

（二）训练评价记录（见表3-18）

表3-18　　　　　　　　　　商务谈判训练评价记录

被评价人姓名		组别		情景角色	
评价项目		分值	小组评分（50%）	教师评分（50%）	总得分
1.形象礼仪：服装、服饰搭配、妆容		5分			
2.仪态礼仪：站姿、行姿、入座、坐姿、离座		10分			
3.见面礼仪：握手、介绍、递名片		10分			
4.谈判礼仪：主客方位置安排、座签		5分			
5.语言表达	自我介绍语言	5分			
	他人介绍语言	5分			
	谈判过程语言与技巧	20分			
	模拟感受交流	5分			
6.谈判室场景布置		5分			
7.模拟谈判过程点评		10分			
8.谈判效果		5分			
9.团队合作	小组讨论发言积极程度	5分			
	小组分工协作配合情况	5分			
	小组场景布置参与情况	5分			
总计		100分			
评价人					

备注：该评价记录表满分为100分，60～70分为合格，71～89分为良好，90分以上为优秀。

四、自测训练

1．某快递公司想在某高校内部设立投递点，将于近日至某高校相关部门进行谈判。请充分做好谈判准备，拟订谈判方案，布置谈判会场，运用谈判技巧，模拟谈判过程。

2．根据下列情景进行训练。每六人一小组，一半小组代表校方，另一半小组代表德威机械有限公司。每组选出一位主谈判人员，由主谈判人员确立组内人员分工及职务。双方各自搜集相关资料，做好充分的谈判准备并制订各自的商务谈判计划。谈判可分几轮进行，具体进程由各组自由掌握。

某高校准备建立两个学生车床实训室，需要购置车床 5 台，欲向德威机械有限公司购买。在收集了相关信息之后，学校与德威机械有限公司要进行谈判，校方先向德威机械有限公司提出书面要求，营造商务谈判氛围，策划好开局的策略。在谈判过程中，德威机械有限公司对学校近期的支付能力和资信有所怀疑；校方也对德威机械有限公司的技术、服务能力以及资本实力表示不满。双方存在隔阂。在谈判过程中，双方由于在产品价格和付款方式上发生争执，校方想让对方价格降低 5％，并采用分期付款方式；而德威机械有限公司只愿意降低 1％，且必须一次付清款项。学校与德威机械有限公司经过几轮协商，大部分交易条件已经达成一致。这时学校提出，假期马上结束，德威机械有限公司在开学前将一切准备工作完成，且在开学后一个月内必须将所有车床设备全部安装到位，而德威机械有限公司却对此表示难以实现。协议的签署受到严重阻碍。

主要参考文献

［1］张岩松，张丽英.现代职业礼仪与人际关系[M].北京：清华大学出版社，2011.

［2］谢苏.现代礼仪应用教程[M].北京：国防工业出版社，2012.

［3］徐汉文，张云河.商务礼仪[M].大连：东北财经大学出版社，2014.

［4］蒋红梅，杨毓敏.演讲与口才[M].北京：清华大学出版社，2009.

［5］张遗成.思维与口才训练[M].北京：中国商业出版社，2001.

［6］董革，龙陵英.表达与沟通能力训练[M].北京：高等教育出版社，2011.

［7］熊卫平.现代公关礼仪[M].北京：高等教育出版社，2007.

［8］陈桃源，朱晓蓉.职场沟通与交流能力训练[M].北京：高等教育出版社，2012.